UMA JORNADA RUMO AO
ORIENTE

VICTORIA JEAN DIMIDJIAN

UMA JORNADA RUMO AO ORIENTE

Conversas sobre o envelhecimento por uma perspectiva budista

Tradução
Maria Angela Andrade

Revisão técnica
Bruno Pacheco

CIP-BRASIL. CATALOGAÇÃO-NA-FONTE
SINDICATO NACIONAL DOS EDITORES DE LIVROS, RJ

Dimidjian, Victoria Jean
D579j   Uma jornada rumo ao Oriente/Victoria Jean Dimidjian; tradução Maria Angela Andrade. – Rio de Janeiro: Nova Era, 2008.

Tradução de: Journeying East
Inclui bibliografia
ISBN 978-85-7701-291-6

1. Envelhecimento – Aspectos religiosos – Budismo. 2. Morte – Aspectos religiosos – Budismo. 3. Vida espiritual – Budismo. 4. Budistas – Entrevistas. I. Título.

08-3680.   CDD – 294.3444
                                                 CDU – 294.3

Título original em inglês:
JOURNEYING EAST

Copyright © 2004 by Parallax Press.
www.parallax.org

Capa: Folio Design

Editoração: DFL

Todos os direitos reservados. Proibida a reprodução, no todo ou em parte, sem autorização prévia por escrito da editora, sejam quais forem os meios empregados, com exceção das resenhas literárias, que podem reproduzir algumas passagens do livro, desde que citada a fonte.

Direitos exclusivos de publicação em língua portuguesa para o Brasil adquiridos pela EDITORA NOVA ERA um selo da EDITORA BEST SELLER LTDA.
Rua Argentina, 171 • Rio de Janeiro, RJ • 20921-380 • Tel.: 2585-2000
que se reserva a propriedade literária desta tradução

Impresso no Brasil

ISBN 978-85-7701-291-6

PEDIDOS PELO REEMBOLSO POSTAL
Caixa Postal 23.052
Rio de Janeiro, RJ • 20922-970

Sumário

Prefácio de
Christina M. Puchalski, M.D.   7

Introdução   9

Ram Dass   17

Frank Ostaseski   31

Joan Halifax   55

Thich Nhat Hanh   73

Michael Eigen   85

Rodney Smith   103

Irmã Chân Không   121

John Welwood   135

Norman Fischer   155

Fontes   179

Para Vanessa Grace
e seus pais, Karina Dimidjian e Edouard Lecomte.

Prefácio

Em *Uma jornada rumo ao Oriente* Victoria Dimidjian conversa com homens e mulheres que abraçaram o mistério do viver e do morrer, e compartilham suas experiências e sabedoria. Este livro provê instrumentos preciosos para todos, enquanto percorremos nossa trajetória interior a fim de descobrir quem, no fundo, somos realmente.

Como médica que cuida de pessoas no processo de envelhecimento e morte, fui agraciada com o privilégio de trilhar uma jornada muito especial com meus pacientes. Quando as pessoas encaram sua própria mortalidade, surgem questões acerca de sentido, propósito e valor. O quanto eu represento para a minha família e para o mundo? Que valor tem minha vida para mim? Valeu a pena viver? Eu deveria ter feito algo diferente ou ter sido um outro alguém? Este livro formula questões como estas e oferece respostas surpreendentes e medicinais.

Meus pacientes me ensinaram que doença, perda e morte são oportunidades para o crescimento. Alguns pacientes chamam suas doenças de bênçãos, porque a doença os capacita a ver a vida e a si mesmos sob uma nova luz. Mesmo quando imersos na dor e no sofrimento profundo, eles são capazes de encontrar sentido e alegria. Começam a ver a vida em torno com mais intensidade. Muitos deles referem-se a uma plenitude do momento, cônscios de toda a riqueza ao seu redor. Cada momento é uma dádiva. Eles aprendem sobre a alma que está além do ego. Como Ram Dass escreve em *Uma jornada rumo ao Oriente*: "Aprendi a respeito de sofrimento e amor, compaixão e cuidado através desse envelhecimento, deste tempo que está além do ego."

O sistema de cuidado em saúde vem reconhecendo, progressivamente, que a dimensão espiritual da nossa vida é parte integral da cura.

Dados científicos mostram que pacientes que encontram sentido e propósito em meio ao sofrimento têm boa qualidade de vida mesmo quando se trata de uma doença crônica ou terminal. É crucial que os sistemas de saúde e a sociedade reconheçam a dimensão espiritual na vida das pessoas. Ainda mais importante, contudo, é que precisamos querer trilhar a jornada para nossa morte e encarar essas questões em nossas vidas e almas. Este livro é uma luz bem-vinda a nos auxiliar ao longo do caminho.

Christina M. Puchalski, M.D.
Diretora do The George Washington Institute
for Spirituality and Health
George Washington University

Introdução

Uma jornada rumo ao Oriente reúne conversas com nove entrevistados, reconhecidos no mundo como importantes mestres de sabedoria e de conhecimento tanto oriental como ocidental. Cada um deles ofereceu generosamente seu tempo, dedicando horas à conversa e investigação dos temas abordados neste livro. Cada qual tem contribuído de modo singular para a humanidade e, atualmente, vive e aprende sobre os últimos estágios da vida em primeira mão. Suas conversas são dotadas de graça, sabedoria e palavras que merecem longos períodos de reflexão e meditação. Encontrei-me ouvindo cada conversa várias vezes, apreciando o engajamento enérgico de cada um com as questões mais profundas da vida. Espero que vocês se encontrem lendo e relendo essas conversas também, aprendendo com cada diálogo e se abrindo a uma nova compreensão e alegria com a jornada da vida.

Cada entrevistado começou sua jornada de vida estudando e se preparando numa disciplina tradicional, a qual depois foi expandida, a fim de integrar aspectos de psicologia, antropologia, assistência social, teologia, artes criativas e muitas outras vertentes da criatividade humana. Além disso e, talvez, o mais importante: cada entrevistado integrou uma definição ampla e ativa de engajamento espiritual em seu trabalho. Para a grande maioria desses professores, a dimensão espiritual se expandiu e se intensificou nas etapas mediana e final da vida. Em *Jerusalem Moonlight*, o poeta, professor e mestre zen budista Norman Fischer narra sua viagem a Israel, onde elabora e articula a respeito do sofrimento humano que vê tanto nos palestinos quanto nos israelenses. E, quando sua comunidade espiritual em São Francisco

Uma jornada rumo ao Oriente

passou por uma crise mais tarde, ele conta como se voltou para o poeta vietnamita, mestre zen e professor Thich Nhat Hanh, que o guiou em direção a uma compreensão mais profunda e ação consciente. Cada pessoa entrevistada neste livro tece o conhecimento, a ação e o cuidado de forma dinâmica, unindo-os de modo que mente, coração e mãos nutram a vida e apóiem um crescimento positivo e uma transformação.

Apoiar o crescimento e a transformação tem sido minha própria missão de vida como professora, escritora, mãe e ativista. E agora, chegando ao final de minha carreira acadêmica, a oportunidade de aproveitar o ano de licença para explorar temas do fim da vida, com pessoas cujas obras foram reconhecidas mundialmente, me pareceu uma perfeita jornada para os anos finais de minha própria vida. Se eu não estivesse em Washington, D.C. na manhã de 11 de setembro de 2001, quando o avião colidiu com o Pentágono, talvez meu recém-iniciado ano de licença tivesse prosseguido, tal como os intelectuais são inclinados a fazer, repleto de leituras, ruminando e escrevendo. Mas, em vez disso, sentei-me diante do volante e dirigi por dois dias até minha pequena ilha, onde fica minha casa, no sudoeste da Flórida. No dia seguinte, um furacão atingiu a ilha, levando o teto de minha casa e meu último senso de segurança e controle.

Assim começou meu ano de licença, com uma imersão em tudo o que parecia então esmagador: envelhecimento, destruição, sofrimento, perda e morte. Ao me sentar com ondas lambendo nos arredores dos alicerces de minha casa sobre estacas, fiz um retrospecto de minha vida. Eu havia sido tocada pela perda e morte cedo, e um recente relacionamento fora rompido, deixando cacos ainda afiados sob meus pés. Meu divórcio, tanto tempo atrás, pareceu mais fácil do que a última perda. Sentada em silêncio, fui lançada de volta para as lembranças de perder minha mãe aos poucos para o melanoma, duas décadas antes, e para a terrível noite em que o carro do meu pai bateu, às 4h.

Eu tinha apenas 4 anos e meio na noite em que meu pai morreu. Levei mais 25 anos até saber de sua história de vida. Apenas nessa ocasião, parentes me contaram da discussão que meus pais haviam tido, tarde da noite, pelo fato de ele ir embora dirigindo com raiva de volta para a casa da família em Chicago, uma viagem terminada com chuva e escuridão. Por muitos anos tive pesadelos em noites de tempestade. E não cessaram até que eu encontrasse seu túmulo no interior de Michigan. Eu sabia, naquela época, em meu coração, o que meu treinamento profissional me ensinou, ou seja, que a cura vem de saber, de encontrar as palavras para expressar o pesar e liberá-lo.

Eu havia construído uma vida com ensino, escrita, ativismo social e crescimento espiritual. Eu terminara minha monografia em desenvolvimento da infância e aconselhamento, havia trabalhado como terapeuta, ensinado sobre famílias e crianças por três décadas e escrevera livros e artigos sobre cura pessoal. Além disso, tinha estabelecido uma carreira acadêmica e vivido com minha família em lugares fabulosos. Mas, agora, estava envelhecendo, e sentia, com freqüência, que não estava sendo notada e, até mesmo, me sentia rejeitada ao entrar no último estágio da vida. Caminhando na praia naquele setembro de 2001, me pareceu que era o momento de encarar de vez o envelhecimento e a morte. Assim compreendi. Sentei-me, respirando profundamente, aquietando-me. Desliguei o noticiário. A vida parecia tomada por reverberações de sofrimento e perda quando parti em viagem para fazer as entrevistas no final de outubro.

Fui inicialmente para Santa Fé, para o retiro de dez dias do Upaya Center focado no tema da morte e do morrer, com a participação de Joan Halifax e uma equipe de praticantes treinados em cuidar dos moribundos. Em seguida, me dirigi a São Francisco, para visitar o Zen Hospice. Viajei do noroeste do estado de Washington para o sudoeste da França. Minha tarefa era aprender, à medida que o projeto se expandia, e aprendi! Há muito mais meios de se lidar com o envelhecer e morrer disponíveis neste milênio do que na metade dos anos 1970, quando comecei a lecionar. Naquele tempo a nossa cultura estava apenas começando a articular experiências do final da vida e a estudar os efeitos de longa duração da perda, da morte e da negação. A obra de Ernest Becker, *A negação da morte*, e a primeira obra de Elisabeth Kubler-Ross sobre o morrer abriram vias para a aceitação do sofrimento

Uma jornada rumo ao Oriente

e da perda.* Nas três décadas subseqüentes, avançamos bastante no sentido de poder ver a vida e a morte como profundamente interligadas, mesmo que a maioria de nós ainda não seja capaz de aceitá-las como uma só.

Olhando em retrospectiva para essa jornada de conversas e para tudo o que recebi nesse processo de viajar rumo ao Oriente, quatro temas se destacam, ligando as nove entrevistas.

O primeiro é que *o envelhecer e o morrer estão se revelando assuntos importantes para minha geração, os que amadureceram nos anos 1960 e mudaram a consciência de nossa cultura.* Nessa década, nosso foco estava na transformação de uma sociedade obcecada com o militarismo e no fim de uma guerra impossível de ser ganha no Vietnã. Hoje, muitos dessa mesma geração voltam seu foco para mudar essa nossa cultura orientada para a juventude e para as tradições de negação da morte e para afirmar a velhice e o aprendizado da etapa final da vida. Os entrevistados mais jovens beiram os 60 anos e o mais idoso tem quase 80. Cada um articulou um novo modelo cultural para viver os últimos anos, para a velhice e para abraçar a morte. Ver Ram Dass sorrir e ouvi-lo ensinar, afundado na cadeira de rodas, gerou uma energia renovada em minha constituição cansada e viajada. Quando ele falou sobre como caminhou na recente marcha pela paz em cadeira de rodas, sua energia se espalhou como raios que se expandiam por todo o grupo ali sentado à sua volta. Para ele, uma nova fragilidade e vulnerabilidade abriram novas portas para uma aceitação pacífica da interligação entre vida e morte.

O segundo, *a integração das idéias orientais e ocidentais, continua a aumentar, fortalecendo cada um, à medida que construímos lentamente um mundo para todas as vidas e todos os povos.* Mesmo após o choque que abalou a nação inteira, o 11 de Setembro, o compromisso primordial de muitos de nós, de unir o mundo e voltar-se para as tensões globais, ainda parece estar de pé. Minha última entrevista foi com

---

* Ernest Becker, *The Denial of Death* (Nova York, Free Press, 1973).

Introdução

um indicado para Prêmio Nobel, Thich Nhat Hanh, que disse: "Não há uma jornada rumo ao Oriente, não há jornada rumo ao Ocidente. Vivemos no agora." Como seria se nosso mundo em constante luta pudesse manifestar a sabedoria destas palavras! Mas vejo que, de fato, a cada dia cresce a conscientização da interconexão, assim como uma maior consciência do fato de uma ação numa parte do globo reverberar em todos os locais.

Essa integração Oriente-Ocidente é patente nas pesquisas e no ensino de pessoas como John Welwood, que descreve sua elaboração de um novo paradigma de psicologia que integra de forma dinâmica consciência interna, conexão externa e espiritualidade. Está sendo realizada por pessoas como Michael Eigen, que trabalha todo dia para expandir e transcender as limitações da tradição psicanalítica. Outros entrevistados mudaram a forma de pesquisa e o estilo de serviço para estabelecer comunidades espirituais que apóiam o crescimento individual e a transformação espiritual. Rodney Smith, em Seattle, Norman Fischer e Frank Ostaseski, na Bay Area, e Joan Halifax, em Santa Fé, trabalham dessa forma neste lado do Atlântico, enquanto Thich Nhat Hanh e a Irmã Chân Không guiam as comunidades que formam a Plum Village, no sul da França, e ensinam em países ao redor do globo.

Já no terceiro tema, cada entrevista aprofundou minha compreensão de que *viver e morrer são uma coisa só. Como vivemos cada dia determina muito como morremos.* John Welwood diz: "Então, a vida é o fim do corpo e do eu nesta forma particular, mas a consciência não é uma coisa sólida, contínua e duradoura. A experiência é renovada a cada momento. (...) Quando abandonamos a fixação em nossos pensamentos e soltamos o bastão que o último pensamento jogou em nossa mão, vivemos um momento tanto de morrer quanto de voltar à vida ao mesmo tempo."

Frank Ostaseski, que sentou ao lado de tantos, na passagem da vida à morte no Zen Hospice, diz, simplesmente: "Você não pode entrar num quarto em que alguém está morrendo e não prestar atenção. Tudo nos arrasta para um mergulho no momento. E, para mim, é um dos locais mais vivos estar com alguém que está morrendo. É um presente extraordinário."

Quarto e último tema: *o nosso "conhecimento" nunca é suficiente*. A vida é sempre maior do que podemos controlar e mesmo compreender. A jornada da vida se vira e torce, levando-nos para onde precisamos ir, mas, às vezes, não para onde havíamos planejado. Minha viagem de dois anos se deu num mundo onde grassam, de modo crescente, tensões, novas formas de terror e guerra. Cada passada da viagem, ainda assim, trouxe novos pensamentos, aventuras inesperadas e proveitosas e encontros que regeneram. Desafios, especialmente aqueles para o meu senso de controle pessoal, geraram novos momentos para uma respiração mais profunda e um foco mais direcionado para a ajuda e doação. Isso tem ficado mais evidente quando levo um membro da família para o tratamento após ter recebido, meses antes, um diagnóstico grave, precisando de uma reavaliação de seus planos de vida e prioridades.

Essas novas viradas na jornada de minha vida me fazem retornar a uma compreensão mais profunda de que estamos sempre aprendendo a viver cada momento de maneiras novas, cada vez mais reais. Norman Fischer descreveu como passou um ano escrevendo um poema por dia, colocando aquele dia da vida na página impressa. Ele estava motivado, em parte, pela perda de quatro pessoas próximas num curto período de tempo. "A morte foi uma mestra", disse, e acrescentou: "Morrer é uma forma de viver, uma prática de meditação, a mais fundamental e intensa de todas as práticas de meditação. Acho que a morte é nosso maior ensinamento." Ele disse estas palavras com toda simplicidade e clareza. Vivendo e morrendo, estando tanto vivos como mortos: é este o desafio zen que nos inspira a cada dia. Espero que este livro lhes traga apoio e inspiração.

Agradecimentos

Meu primeiro e mais profundo agradecimento vai para esses entrevistados que, generosamente, abriram um espaço em suas vidas ocupadas para as entrevistas. Aprendi e ganhei de cada um mais do que posso

Introdução 15

expressar. Além disso, gostaria de agradecer ao pessoal da Parallax Press, especialmente à editora Rachel Neumann e ao editor Travis Masch. A ajuda inicial veio de meus colegas universitários e de meu superintendente anterior, Brad Bartel, atual presidente do Fort Lewis College, de Colorado, os quais apoiaram minha jornada nada tradicional. Muitos outros da Florida Gulf Coast University também auxiliaram, principalmente minha colega de repartição Bridget Bloomster, a bibliotecária May Kay Hartung e muitos estudantes, incluídos aí Ali Lowe, Mary Herman e Shaney Kragh. Minha *base* em Berkeley, com Betty Pillsbury e Erika Wild, nutriu meu trabalho da Costa Oeste, assim como minha comunidade *sangha*, aqui no sudoeste da Flórida. Finalmente, minha família e meus amigos que leram, ouviram e se importaram durante esses dois anos também merecem meus agradecimentos mais sinceros, particularmente minha tríade de Seattle: Sona, Chuck e Serena Dimidjian-Langdon.

Ram Dass
Falando para a alma

"Envelhecer é uma oportunidade para uma segunda infância. Podemos ir aonde desejamos, neste instante — podemos ir da informação para a imaginação e, daí, para o silêncio. E o silêncio é sábio, extremamente sábio! Vamos indo, indo fundo. Seguindo para o silêncio, passamos de agente para ser quem se é. Isso é envelhecer."

"Viver no momento é como comer *baclavá* — muitas nozes num plano, mel no outro e, ainda num outro plano, é escamosa e se desfaz."

Ram Dass é um dos antecessores na integração da espiritualidade do Leste e do Oeste. Seu livro pioneiro *Be Here Now*, que investigou diferentes reinos da consciência, foi publicado em 1971 e vendeu milhões de cópias no mundo todo. Seus livros, fitas, palestras e ensino inspiraram os que, no Ocidente, desejavam integrar a compreensão oriental de um modo novo e dinâmico. Ram Dass tem trabalhado há muito tempo com agonizantes, prisioneiros e idosos. Em todos os foros, seu constante bom humor enriquece sua profunda compreensão espiritual.

Uma jornada rumo ao Oriente

Ram Dass sofreu um grave infarto em 1997 e vem se recuperando lentamente, mas de modo progressivo, e agora tem lecionado e escrito um pouco. Encontrei-o pela primeira vez num workshop em janeiro de 2003, um dia após a marcha pela paz em São Francisco, na qual compareceram mais de 200 mil pessoas. Ram Dass compartilhou comigo sua alegria de ver aquela efusão de pessoas ao conduzir sua cadeira de rodas subindo as ruas, ao lado de pais com carrinhos de bebês e ondas de adolescentes, adultos e idosos. Presenciando sua dedicação e amor à medida que interagia com o workshop naquele tépido domingo, compreendi melhor a "graça feroz" — como ele definiu — com que o derrame o abençoou e fui capaz de abandonar medos que eu carregava com relação à perda de minha própria vida.

Victoria Jean Dimidjian: Ram Dass, você tem sido uma figura proeminente na conexão das tradições espirituais do Oriente e do Ocidente há mais de quatro décadas. Apresentou o envelhecer e o morrer para a nossa consciência social ocidental e tem sido um guia e uma inspiração no movimento de asilos. Será que poderíamos começar retornando aos seus primeiros anos, explorando o que o fez voltar-se para o Oriente e o que inicialmente levou a morte para o seio de sua vida?

Ram Dass: Eu não era espiritualizado, nem na fase de crescimento nem na primeira parte da vida adulta. Naquela época, eu era muitíssimo o cientista social. A ciência era minha religião.

Foi em Harvard, nos anos 1960, que Tim Leary levou os cogumelos mágicos. Eu sempre desprezara a religião, tendo-a como algo artificial. Depois dos cogumelos, tive consciência, pela primeira vez, da parte espiritual do meu ser. Tínhamos um projeto em andamento, estudando

Ram Dass: Falando para a alma 19

os psicodélicos em Harvard. Um dos membros era Aldous Huxley. Eu havia tomado LSD numa noite de sábado e, então, na terça-feira seguinte, Aldous levou o *Livro tibetano dos mortos*. Nesse livro constava a descrição exata da experiência que eu tivera com o LSD. Aprendi então que no Oriente existiam mapas da consciência, níveis de consciência ignorados pela nossa psicologia. Toda a minha compreensão mudou para sempre. Ela foi inteiramente transformada. Todos os meus amigos — Allen Ginsberg, Tim Leary, Ralph Metzner — estavam iniciando essa jornada também. Todos mudamos para sempre.

VJD: E começou uma nova jornada de vida?

RD: Sim. Totalmente nova. Um amigo meu tinha um Land Rover e excursionamos pela Índia juntos. Ele era um ex-surfista de Malibu e juntei-me a ele em Katmandu. Seguimos em viagem a pé por uma trilha que atravessa a Índia passando por templos budistas. Eu gostava do budismo porque era puro e limpo! [Ram Dass ri, lembrando-se daquele tempo.]

O ex-surfista queria visitar seu guru no Himalaia. Ora, eu nem sabia que aquele cara tinha um guru. Eu pensava que ele era budista! Então, eu era responsável por esse nada barato Land Rover, indo do meio da Índia para o Himalaia com um cara que queria ver um guru hindu. Não fiquei feliz com aquilo.

Distando quase 80 quilômetros do local, paramos para passar a noite na casa de um amigo. Durante a noite, saí para usar o banheiro anexo e ergui os olhos em direção às estrelas. Elas estavam muito brilhantes. Muito imanentes. Senti a presença de minha mãe, que tinha morrido há seis meses.

Na manhã seguinte, guiamos os últimos 80 quilômetros. Paramos num pequeno templo à margem da estrada. Meu amigo disse: "Verei meu guru." Eu respondi que ficaria ali. Eu era o guardião do Land Rover! Eu não estava interessado em gurus. Mas, finalmente, minha curiosidade despertou o que há de melhor em mim.

Então saí, atravessei a rua e subi a colina. Havia umas poucas pessoas de pé ou sentadas e, no centro, estava aquele velho homem, sentado numa cama de madeira e vestido com um cobertor que continuamente caía. Meu amigo estava com seu estômago colado no chão e as mãos esticadas tocando os pés do guru. E eu pensando enquanto olhava: não vou fazer aquilo! Eu era tão ocidental naquela época!

O guru disse algo em híndi. Uma pessoa do grupo traduziu para mim: "Maharaji disse que você veio num carrão. Maharaji perguntou se você daria o carro para ele." Meu amigo, que ainda estava deitado com suas mãos nos pés do guru, disse: "É claro, Maharaji, você pode ter o que desejar." Eu comecei a falar com veemência: "Não pode! Não! Não o carro de David!" E todo mundo ria. Estavam todos rindo de mim.

O guru chamou-me para sentar. E disse então: "Você saiu e ficou sob as estrelas ontem à noite." Eu pensei, com certeza, que muitas pessoas tinham saído de casa e ficado sob as estrelas na noite anterior. Aquilo era provável, e respondi: "Sim."

Então, ele falou: "Você estava pensando em sua mãe."

Eu nunca pensara que tal coisa fosse possível. O que pensei em seguida foi, ai, ai, ai! Se ele pode ler minha mente, então sabe de todas essas coisas. Passei em revista uma lista de coisas que eu não diria aos outros a meu respeito. As coisas que eu não queria que ninguém soubesse. Sempre sentia que qualquer um que me conhecesse — o meu eu verdadeiro, aquele dentro de mim que ninguém viu —, quem conhecesse aquele eu, não me amaria. Fiquei olhando para baixo, para o chão, enquanto pensava sobre aquilo tudo, e ergui os olhos para encará-lo. E... ele estava olhando para dentro de mim com amor incondicional.

Era que... era que meu coração nunca havia sido tocado.

VJD: Então, foi um momento de transformação?

RD: Sim. [Ele suspira profundamente e faz uma longa pausa.] A mudança naquele momento era que agora eu não era o ego. Agora eu era uma alma. Ele espelhou minha alma para mim. É difícil saber que palavras usar. Ele abriu em mim um novo lugar no universo. Um novo lugar do qual se pode perceber a realidade. Naquele instante, percebi o todo, vendo o mundo de um ponto de vista que não conhecia. Então, fiquei ali com ele durante seis meses.

VJD: E o seu amigo e o Land Rover também?

RD: Exato! Bem, não precisávamos mais dele, não é? Quando as pessoas entram em nossas vidas, mesmo que seja inesperadamente, isso nos dá uma nova direção. E então fiquei lá, estudei, viajei com outros colegas e voltei ao Ocidente. Mas retornei dois anos depois, com vários outros ocidentais.

VJD: Você pode nos dizer algo mais sobre a lembrança da morte de sua mãe?

RD: Bem... ela foi a primeira pessoa que amei. Ela foi a primeira que contribuiu para minha alma nesta encarnação.

VJD: Então a morte de sua mãe deve tê-lo levado ao mais profundo sentimento de perda...

RD: Bem, provavelmente não... Não pelo que sei agora. Mas realmente suportei a perda por um tempo muito, muito longo. Já perdi muitas pessoas.

No entanto, ainda tem mais coisa nessa história. No dia seguinte, o guru me disse o órgão que havia matado minha mãe, do que ela havia morrido, e disse em inglês! Era tudo em híndi, exceto a palavra "baço", que foi dita em inglês. Era muito estranho... aquela palavra me sacudiu

Uma jornada rumo ao Oriente

para que eu acordasse. Até então tinha sido apenas uma conexão romantizada.

"Sua mãe é uma alma muito sublime", disse o guru. Perguntei: "Você não quer dizer *era*?"

Porque ela já havia morrido, veja você. Ele disse: "Não, ela é uma alma sublime." Naquele instante tive um novo relacionamento com minha mãe. A partir daí éramos, ambos, almas. Até aquele momento havíamos sido apenas mãe e filho.

VJD: Em corpos limitados...

RD: Sim. Nesta encarnação, sim.

VJD: Você teria como descrever isso sem distorcer a experiência?

RD: Tive uma experiência que cativou meu coração. Envolveu meu coração de forma total e absoluta. Um novo modo de viver começou. Um médico amigo meu foi ver o Maharaji. Lembro-me dele dizendo: "Não estou impressionado com o fato de o Maharaji amar a todos. Ele é um santo homem. Ele deve amar a todos. Mas o que me surpreende é que, quando me sento diante dele, eu amo todo mundo." Aquele era o poder de seu amor incondicional.

VJD: É profundamente comovente ouvir isto, especialmente nesses dias negros de estresse e iminência de guerra...

RD: Podemos escolher ficar entravados em toda essa coisa negativa ou não. Mas, se nossa consciência se mantém alerta como testemunha, então continuaremos a ser fortes e intensos por dentro. E haverá amor dentro de nós. E transmitiremos esse amor de nosso próprio coração para os corações dos outros, dando amor, fé, zelo, etc.

Nosso trabalho depende de nos mantermos fortes de modo que a compaixão brote viva e intensa.

VJD: Você se recuperou dos desafios que seu próprio corpo lhe trouxe após o derrame. Ocorreu-lhe, em conseqüência disso, uma nova compreensão do envelhecer e do morrer?

RD: Eu visualizo a todos nós, seres humanos, com três planos de consciência. A Consciência Um é o ego. Esta é a primeira, a que conhecemos mais, o modo como nós, humanos, quase sempre vivemos.
    A Consciência Dois é o plano da alma, o corpo astral. Esta é a que conheci na Índia, a que vivo atualmente. E a Consciência Três, bem, três é apenas três! [Ele ri enquanto ouve a si mesmo dizer isso.] Tem também todo tipo de nomes. Mas nós, humanos, brigamos por causa de nomes, não é mesmo? Daí eu chamo apenas de Número Três. É o lado místico de cada um. Seu Número Três e o meu Número Três não são como nós dois; eles são a mesma coisa. Somos feitos da mesma coisa, mas temos os outros planos do ser... As palavras, estas palavras...

VJD: Essas coisas são muito difíceis de serem postas em palavras. Lembro-me em *Still Here: Embracing Aging, Changing and Dying*, onde você escreveu sobre esses três níveis.

RD: Consciência, Deus, como quer que você chame o Número Três, está além das palavras e do tempo. Esse é o Solo do Ser. A alma anseia por retornar àquela luz brilhante. Aproximar-se da perfeição de Deus é a jornada da alma.

VJD: E os místicos nos dão lampejos disso, mas sempre dizem que as palavras ocultam a experiência.

RD: Ah, sim, sim... Encontrar as palavras certas é sempre difícil. Neste instante elas vêm mais lentamente também...

VJD: Alguns alunos acham que é tão triste isso, essa negatividade com relação ao ego e à identidade. Mas, para mim, é libertador. Como se agora fosse o momento de abandonar o ego.

RD: O ego é constituído de mente. Mente e pensamentos. E pensamentos são apenas coisas. É uma coisa repleta de coisas. As pessoas que têm filosofias materialistas que giram em torno de ouvir, ver, sentir, guardar recordações, elas apenas conhecem aquele ego. Elas têm sempre que estar alimentando aquele ego. Enchendo-o.

VJD: Você vê o envelhecer como o tempo de crescer?

RD: É o que penso. Nas etapas iniciais de sua vida, até por volta da meia-idade, você muda de identidade, do ego para a alma, realizando práticas espirituais. Ao envelhecer, a vida em si assume o controle um pouco mais. Ela torna-se a prática que leva você até a alma. O envelhecer é o estágio de transição e mudança. A mudança que ocorre é de ter sido o ego, que tem tantos propósitos, passando a ser a alma, que tem apenas um propósito. O único propósito da alma é fundir-se com o amor maior, o Um. É isto que nós, na qualidade de almas, percebemos como sendo o sentido da vida. Olhamos para fora, para nossas vidas como almas e dizemos: "Quanto esta vida me ajudou a me aproximar do Um?"

Ou então: "Como foi que esta minha encarnação ajudou-me a tornar-me minha alma?" Aprendi a respeito de sofrimento, amor, compaixão e cuidar através do envelhecimento, desse tempo além do ego.

VJD: Isso parece estar relacionado ao que aconteceu na Índia, quando o guru olhou-o atentamente, diretamente no seu cerne — vendo através do ego para a alma.

RD: Ah, sim, porque, se isso acontece, isso o modifica. Depois disso você começa, a partir daí, a ver almas. Vou ao supermercado e então vejo almas. Não vejo as pessoas em suas funções, eu as vejo como almas vivendo seus carmas.

VJD: Isso vai ficando mais fácil à medida que os desejos cotidianos parecem menos importantes?

RD: O envelhecimento ajuda, sim. Nenhuma garantia, mas, à medida que os desejos têm menos importância, isso ajuda a ver a identidade com a alma.
Meu pai é um exemplo. Cuidei dele quando ele estava bem velho. E nossa relação mudou, de uma relação dura, de pai-filho, judeus de classe média, para uma em que éramos apenas almas, apenas almas juntas. Quando éramos mais jovens, meu pai tinha construído um campo de golfe de três buracos, do qual tinha muito orgulho. Um dia, sentados na varanda de nossa casa, olhando lá adiante para o campo de golfe ao pôr-do-sol, um magnífico pôr-do-sol, eu lhe disse: "Lindo, não é?" E ele respondeu: "Sim, a grama está cortada com perfeição."
Então, quando o fim de sua vida se aproximou, aos 90 anos, sentei-me junto a ele novamente, contemplando o pôr-do-sol. Dessa vez estávamos de mãos dadas, e ele disse: "Lindo pôr-do-sol, não é?" Eu concordei: "Com certeza, certamente é um lindo pôr-do-sol."

VJD: Não foi apenas no último instante que ele pôde se abrir para aquilo?

RD: Bem... Acho que ele se preparou para aquela ocasião com muita beleza. Ele esposou uma mulher depois que minha mãe morreu. Eu a conduzi ao altar no casamento deles. Aquela relação o abriu e nos tornou, os três, grandes parceiros. Ela era uma pessoa muito espiritualizada, o que manteve a vida espiritual do meu pai. Ele aprofundou seu direcionamento espiritual durante aqueles anos com ela e comigo também.

VJD: Como foi a morte dela para você?

RD: Phyllis era profundamente espiritual. Mas uma verdadeira dama de New England, argumentativa, dura, voluntariosa também. Meu trabalho não era dizer-lhe como morrer, mas apenas estar com ela.

Ela lutou contra a morte durante muito tempo. Ela era forte, mas a dor do câncer era intensa. Consumiu sua vontade. Quatro ou cinco dias antes de morrer, desistiu da luta. Na ocasião, estávamos juntos, apenas juntos. No final, ela me pediu que a mantivesse erguida, e eu o fiz. Ela respirou três vezes, respirações profundas, longas, demoradas, realmente profundas, e então morreu. É assim que os lamas tibetanos morrem: eles fazem três respirações profundas e se vão.

VJD: Estou impressionada com quanto sua morte foi diferente comparada à morte de sua mãe.

RD: Bem, minha mãe morreu em 1966. Percorremos uma longa distância desde aquela época. Percorri toda essa distância falando-lhe sobre sua morte. Ninguém fazia isso. Todos entravam em seu quarto e lhe diziam que ela ficaria bem, e então saíam e diziam que ela estaria morta em duas semanas. Segurei sua mão e falei com ela sobre a morte. Isso me iniciou no caminho para trabalhar com o morrer.

VJD: Nossos pais e antepassados podem ser nossos guias. É maravilhoso, mas raro, ter momentos como o pôr-do-sol que você teve com seu pai. Há maneiras de facilitar isso?

RD: Facilitamos quando podemos ser nossa alma. Apenas isso. É simples assim. E, então, podemos olhar dentro da alma de outra pessoa, e isso facilita a prática espiritual alheia.

VJD: Voltamos, portanto, ao tema de seu trabalho dentro e fora de um fluxo, num incessante dar e receber.

RD: Certo. Do mesmo modo que Krishna instrui Arjuna no *Bhagavad Gita*, dizendo: "Faça o que fizer, mas não me esqueça." Isso significa que você vive sua vida naqueles dois planos de consciência. Estar lá, plenamente lá, em ambos os planos.

Ah, minha cara, agora tenho outra história para compartilhar. Lembro-me de que meu guru me disse certa vez que eu devia ser como Gandhi. Então comprei aqueles óculos pequenos, como os que ele usava. Mas, você sabe, somente aqueles pequenos óculos não adiantavam! E assim, ao pensar e meditar a respeito, lembrei-me das palavras de Gandhi: "Minha vida é minha mensagem." Essa é uma daquelas mensagens cotidianas que temos para estarmos plenamente conectados a todos os nossos planos de consciência.

VJD: Em termos de sua própria vida cotidiana, ultimamente, você recorre a outras fontes de força que possa compartilhar?

RD: Ah, recorro ao meu guru. Vejo o mundo do jeito como ele via.

VJD: Vocês continuam próximos?

RD: Ah, sim, sim. Provavelmente, me conecto a ele através de minha imaginação. Eu o chamo de meu amigo imaginário. As pessoas dizem: "Ah, isso é sua imaginação." Você sabe como as pessoas falam! E, então, eu digo alegremente: "Ah, sim, é minha imaginação!"

Envelhecer é uma oportunidade para uma segunda infância. Podemos ir aonde desejamos, neste instante — podemos ir da informação para a imaginação e daí para o silêncio. E o silêncio é sábio, extremamente sábio! Vamos indo, indo fundo. Seguindo para o silêncio, passamos de agente para ser quem se é. Isso é envelhecer.

VJD: E quanto à privação e à dor que muitos sentem, elas estão associadas ao envelhecer?

RD: A dor é um forte absorvente da atenção. Aprendi que jogo delicado é trabalhar com a dor. Ela tem que ser plenamente vivenciada pelo ego para ser um aprendizado eficaz para a alma. No entanto, mergulhar muito fundo o prende na própria dor. Você tem que estar em dois planos de uma só vez: entrar totalmente na dor e, ainda assim, estar no nível da alma ao mesmo tempo. Isso é profundo!

Logo depois do meu infarto, perguntei: "Por que isso?" Eu tinha aprendido tanto anteriormente, mas agora isso. E, então, achei que essa era a lição, aprender sobre a graça feroz. Porque o infarto conduziu-me ao meu nível de alma, o qual chamo de graça. Não é, porém, a graça fácil que conheci no passado. O infarto levou-me exatamente para o limite entre sua ferocidade e o amor do Maharaji.

É como aprender a amar Shiva ou Kali, aquelas divindades que representam a ferocidade e a destruição. É aprender a amar tudo que me aproxima de Deus.

VJD: Então o envelhecer requer isso de você?

RD: Exato. Não colocar nada no caminho, não mais.

As imagens de que precisamos, as palavras que tentamos achar. Todos são apenas modos de estar no momento. É sobre isso que escrevo agora, é isso que quero explorar. Essa é minha esperança.

Viver no momento é como comer *baclavá* — muitas nozes num plano, mel no outro e, ainda num outro plano, é escamosa e se desfaz.

VJD: E todo o mel só se derramando...

RD: E todos esses planos estão lá naquele único momento — todos diferentes, todos parte do momento!

VJD: Obrigada pelos presentes que me deu nesta conversa. Da próxima vez em que eu for caminhar na minha praia, ao pôr-do-sol, pensarei em você, em seu pai e em *baclavá*.

RD: E esteja lá, esteja exatamente lá enquanto o sol se põe mergulhando naquela água. Sem pensamentos, apenas esteja lá.

Frank Ostaseski
Viver e morrer a cada dia

"Eu trabalho em mim mesmo de forma a ser útil aos outros. Meu serviço atua sobre os outros e também sobre mim."

"Você não pode entrar num quarto onde alguém está morrendo e não prestar atenção. Tudo fica puxando você para viver aquele momento. E, para mim, é um dos lugares mais ativos para se estar. É um presente extraordinário."

"Estar com os moribundos nos expõe a nossa própria natureza essencial – muito rapidamente e, com freqüência, muito diretamente."

O PROJETO ZEN HOSPICE, o primeiro asilo budista nos Estados Unidos, abriu suas portas pela primeira vez em 1987. Ainda é o maior centro de asilo budista no país. Frank Ostaseski foi o diretor fundador. Ele guiou a organização até o ano 2000, quando se afastou para liderar o Programa de Treinamento do Fim da Vida, um programa inovador para alunos que desejam se tornar melhores educadores, defensores e guias para os moribundos.

Uma jornada rumo ao Oriente

O Projeto Zen Hospice está instalado num prédio de estilo vitoriano a poucos metros do Centro Zen de São Francisco. Eu visitei o Zen Hospice pela última vez no ano em que Frank começou seu novo projeto, quando ninguém sabia se seria bem-sucedido. Agora Frank e sua equipe ajudam os primeiros alunos a se graduarem e estão ocupados criando uma equipe de mestres da medicina, psicologia e espiritualidade que farão parte do programa do próximo ano. Frank me cumprimentou com um sorriso terno e deixou seu trabalho para que pudéssemos sentar na sala de visitas e conversar.

Victoria Jean Dimidjian: Frank, você contribuiu significativamente para a construção de um modelo de serviço e cuidado espiritual num tempo em que a morte ainda era um tabu. Agora as livrarias têm em suas prateleiras exemplares sobre o fim da vida, e as pessoas compram vídeos sobre morte consciente. Isso é uma mudança na cultura?

Frank Ostaseski: Sim, aconteceu uma grande mudança na cultura. A morte tem um lugar agora, um lugar muito mais honrado em nossa cultura. O viver e o morrer estão conectados. Estamos reunindo o que conhecemos sobre essa conexão, puxando de todos os lados e agindo para podermos interceder por uma mudança. Mas o desafio agora é perguntar se estamos fazendo algo de novo, algo renovado no sentido de conectar o viver e o morrer.

VJD: E o Programa de Treinamento do Fim da Vida está fazendo isso?

FO: É parte do processo. Nosso corpo docente traz, cada um, perspectivas únicas. Ram Dass, Rachel Naomi Remen, Norman Fischer e muitos outros trazem consigo décadas de experiência com o morrer. Eles vivenciaram essa mudança e ainda estão explorando as dimensões espirituais do morrer enquanto ensinam e servem aos moribundos. E eles mesmos envelhecem.

VJD: Como você, como eu.

FO: Exatamente. Nossa geração demanda mudança em cada estágio desse processo de vida. O fim da vida não será diferente. O que estamos fazendo aqui, agora, é reunir o que aprendemos. Estamos lendo os sutras budistas, aprendendo com nosso serviço e defendendo a idéia da mudança. Este é o nosso trabalho. É novo, acho, e bem interessante, pleno de sentido.

VJD: Como você chegou a esse trabalho? Qual trilha sua própria vida seguiu?

FO: Inicialmente, a do sofrimento. Foi muito sofrimento que me levou ao serviço. Este é o modo mais fácil de dizê-lo.

VJD: Fale mais a esse respeito. Isso teve início na sua infância?

FO: Cresci na Costa Leste, aproximadamente o ponto mais distante que se chega saindo daqui. Meu pai era motorista numa grande propriedade em Long Island. Era um lugar muito bonito e, de certo modo, protegido. Realmente idílico. E, apesar de não termos muitos recursos, conseguimos viver naquele lugar tão bonito. O ambiente em que cresci foi altamente benéfico para mim. Mas meus pais morreram quando eu era jovem.

Perdi minha mãe primeiro, quando ainda era adolescente, e meu pai alguns anos depois. Eu tinha três irmãos com idades bem próximas, mas não podíamos nos ajudar. Na realidade, terminamos separados pelo país afora. Foi realmente traumático. Antes daquela época, havia muito sofrimento, tremendas dificuldades na minha família, mas perdê-los me marcou profundamente. Sei que, eventualmente, aquilo fez com que eu fosse trabalhar com o morrer, mas muito antes me aproximei da prática budista e do serviço.

Eu sofria imensamente. Entrei em contato com o budismo pela primeira vez em Nova York, quando tinha pouco mais de 20 anos de idade. Ao mesmo tempo, estava fazendo o serviço, trabalhando com crianças de diferentes culturas e, mais tarde, com crianças deficientes físicas. Em parte, o serviço era realmente para evitar minha própria dor. Isso não é tão incomum para as pessoas atraídas para o serviço. E funciona, por algum tempo. Mas a certa altura temos que parar, voltarmos para dentro e realmente encarar nossa própria dor.

VJD: A educação escolar tradicional não lidava com essa questão?

FO: De jeito algum! Tive a experiência de 12 anos de escola paroquial em Long Island. Essa experiência me fez desacreditar as autoridades, as pessoas que têm todas as respostas. E atingi a maioridade assim que estouraram os anos 1960. Eu não era um estudante tradicional com um alicerce familiar estável e não podia me conectar com aquela vida. Vivi por conta própria desde muito cedo. Bem, eu comparecia às aulas do colégio comunitário e do Hofstra, para onde fui mais tarde, mas o aprendizado que me faltava era com os necessitados.

Foi isso o que pensei, até ser, finalmente, capaz de me abrir para as minhas próprias necessidades e para a dor que trazia comigo. Meu primeiro contato budista com um professor verdadeiro foi na Índia. Isso há muito tempo, no final dos anos 1960. Ele era um grande mestre, uma figura realmente carismática. E, então, viajei, estudei em vários locais da Ásia. Mas, quando voltei aos Estados Unidos, comecei a estudar de verdade. Por causa do sofrimento na minha família passei a desconfiar muito de qualquer tipo de comunidade espiritual. E estava particularmente refratário às autoridades, especialmente se fossem algum tipo de figura paterna.

VJD: Isso teria sido, em parte, resultante de sua educação escolar paroquial?

FO: Sim, 12 anos de escolas católicas. Tive uma educação muito boa, mas também adquiri boa dose de hipocrisia. Daí ter me tornado refratario, como muitas pessoas que tiveram esse tipo de experiência. E mantive distância de professores. Nunca houve um tipo de prática em que me entregasse ao meu professor. Para ser franco, até hoje sou assim. No entanto, eu me dediquei à prática. E a prática era para mim o professor. Pessoas distintas encarnaram isso para mim, em diferentes momentos. Assim, tenho tido a sorte de encontrar vários bons professores.

Duas partes da minha vida se uniram quando eu tinha uns 25 anos. Meu interesse precoce pelo budismo e pelo pensamento oriental e o meu trabalho no serviço se fundiram como dois riachos fluindo juntos. Logo depois, deixei os Estados Unidos, em direção à América Central, para trabalhar com os refugiados que seguiam para o México, realmente correndo em defesa de suas vidas, nos dois ou três anos subseqüentes. Vi pessoas passando por muitas dificuldades. Vi muita morte.

Meu filho era bem jovem na época e eu estava apenas encontrando o meu caminho. Eu era um homem buscando, procurando como ser um pai. Quando retornei aos Estados Unidos, a epidemia da Aids estava a todo vapor. Esse evento também exerceu grande influência em minha vida, quando fiz esse trabalho. Muitos amigos meus estavam morrendo. Trabalhei como assistente por algum tempo nessa época. Peguei o turno da meia-noite às 8h, pois realmente queria estar ao lado dos leitos. Sempre naquele período as coisas mudavam. No meio da noite e no início da manhã era quando o sofrimento aparentemente cessava. Ao mesmo tempo, estava ajudando Jack Kornfield a inaugurar o Spirit Rock Center. Alguns amigos me falaram que o Zen Center queria abrir um asilo, e foi aí que entrei em contato com os primórdios do Projeto Zen Hospice. O Center sempre cuidara de seus membros que estavam morrendo, mas agora estavam pensando em como estender os cuidados à comunidade aqui na cidade. Em particular, aos que mais necessitavam, como os pacientes aidéticos e os desabrigados. Foi então que passei a ficar totalmente envolvido aqui, em 1987, quando abrimos as portas. E várias pessoas juntaram-se a nós, Martha de Barros, e muitas outras.

Uma jornada rumo ao Oriente

VJD: Você tinha guias para ajudá-lo?

FO: Vários! Muitos trabalhos importantes aconteciam na ocasião. Os de Elisabeth Kubler-Ross e Stephen Levine eram os principais. Elisabeth foi a primeira para todos nós. Mas Stephen foi realmente importante para mim. Em parte porque, francamente, ele ficou um pouco fora do sistema. Era meio rebelde. Eu gostava daquilo, me identificava com ele, até mesmo o imitava. É isso que os alunos fazem, não é? Imitam seus professores por certo tempo, até encontrar suas próprias vozes. Eu gostava da mistura, nele, do cruzamento de tradições, com sua extraordinária intuição. Ele tinha um coração fabuloso, uma compaixão inacreditável. Ver tais coisas nele ajudou a evocá-las em mim. Por isso lhe sou totalmente grato.

Outro professor realmente importante foi Jack Kornfield. Atualmente é um bom amigo. Uma coisa que aprendi com Jack foi seu poder de síntese. Eu costumava achar que o único pensamento criativo era o pensamento original. Jack, contudo, ajudou-me a compreender a importância da síntese para criar algo novo, que realmente influenciou meu modo de treinar e de ensinar. É claro que os vários anos que passei sentado em meditação na almofada também ajudaram!

VJD: Como foi tornar-se o primeiro diretor do projeto?

FO: O Projeto Zen Hospice me deu a oportunidade de reunir a prática de plena atenção e a prática do serviço. Eu havia feito trabalho de asilo, é claro, e estava profundamente envolvido com a plena atenção, mas isso fundiu as duas coisas. Foi todo um novo modo de fazer o trabalho de asilo. Rabindranath Tagore tem um conto maravilhoso onde narra que os caminhos através das vilas na Índia eram sempre curvos e sinuosos. E então, numa certa conjuntura, as crianças ganharam sandálias ou sapatos. E aí os caminhos ficaram totalmente retos. Eu diria que andei de pés descalços durante grande parte de minha vida. Vagueando por entre as coisas, procurando enquanto servia. Só em 1987, quando

Frank Ostaseski: Viver e morrer a cada dia

o asilo abriu, calcei meus sapatos e comecei a avançar. Apenas quando o serviço no asilo e a prática de plena atenção foram realizados de forma equânime é que eu tinha dois sapatos me levando para a frente.

A maioria dos que vieram viver inicialmente no asilo não tinha nada. Eles moravam nas ruas. Sob o ponto de vista geral, eles tinham vidas terríveis, mas cada um trazia um tesouro. Isso é que era realmente fascinante. Descobrir o que acontece quando você junta Marlee, uma mulher de classe média alta que mora em Tiburon, com Jesus, um cara que vive no Hotel Tenderloin, no bairro mais violento em São Francisco. Você os coloca no mesmo quarto e eles encontram um caminho comum. Isso é muito interessante! Ou Albee, um homem que estava imerso em sua prática budista, fazendo com que ele abandonasse sua prática e aceitasse de fato o cara Jesus tal como ele é, apesar de seu penoso disfarce.

VJD: Encontrar essas conexões veio facilmente para os cuidadores ou você teve que desenvolver estratégias para abrir portas?

FO: Quando abrimos pela primeira vez o Zen Hospice, eu estava extremamente entusiasmado. Entendia que essa era a melhor prática budista que alguém podia fazer. E qualquer um podia fazê-la. As pessoas trabalhariam na cozinha, no jardim, no asilo e também sentariam nas almofadas para meditar. Todo mundo faria tudo isso e nos alternaríamos. Porém, me dei conta de que cuidar dos moribundos não é como qualquer outra ocupação. É realmente diferente. São necessários certa estabilidade emocional e um tipo especial de força, mesmo de estabilidade social para desenvolver bem esse trabalho.

Muitos vieram aqui porque éramos um centro de espiritualidade. Vinham movidos por suas próprias demandas. Vinham para se desmontar. Isso não é um problema. É adequado, é justo o que precisam fazer. Mas torna o cuidar das necessidades alheias algo bem difícil. Encontramos dois extremos: pessoas que se apoiavam demais em suas práticas espirituais e passavam a impô-las aos outros e as com uma mentalidade do tipo "conserte isso", sem rodeios. As primeiras podiam dizer: "Ah, trata-se realmente de apenas estar presente" ou

Uma jornada rumo ao Oriente

"Ora, eu vim apenas para ler para os moribundos" ou, ainda, "Minha prática de meditação me ajudou com relação a minha dor no joelho, e é isso que quero ensinar". Os primeiros queriam transmitir suas práticas espirituais, enquanto os outros queriam uma ação direta e aliviar de alguma maneira o sofrimento. Os do segundo grupo queriam fazer imediatamente. O que fizemos, em vez disso, foi ajudar as pessoas a investigarem como lidam com essas questões, de maneira profunda e intensa, e não apenas desenvolvendo suas habilidades.

Não estávamos tão interessados em capacitá-las quanto em ajudá-las a transformarem suas vidas e o relacionamento com a morte. Assim elas poderiam ficar bem mais disponíveis para o morrer. Só assim. Daí nossos treinamentos serem elaborados a partir de um modelo de retiro que incluía períodos de prática de meditação, mas que também continuamente explorava nossa relação com o que estava surgindo. Aquele modo de aprender e ensinar caracterizava o Zen Hospice. Verificamos, nessa troca, que o trabalho do asilo tem a marca do benefício mútuo. Eu trabalho em mim mesmo de forma a ser útil aos outros. Meu serviço atua sobre os outros e também sobre mim. Esse arranjo recíproco nos ajudou a evitar algumas armadilhas do que chamo de "doença do assistente".

Talvez esteja falando de algo como uma "prisão do assistente": a noção de que aqui estou eu, o cara bom, cavalgando em meu cavalo branco, e eles são os pobres e infelizes moribundos. Geralmente, nós, os que nos dedicamos muito ao cuidado, ficamos ocupados tentando sustentar a nossa identidade sem esclarecer a intenção e o porquê de termos, em primeiro lugar, nos dedicado ao cuidado assistencial. Como o fiz. Eu realmente precisava do grande sofrimento daquelas pessoas para que pudesse evitar meu próprio sofrimento.

VJD: Evitar funciona? Algum dia aquele adolescente de 16 anos que existiu em você irá embora?

FO: Acho que não me livrei realmente de grande parte de minha neurose. Somos apenas melhores amigos agora. Então, sem dúvida, minha criança mais nova, minha criança traumatizada, meu adolescente raivoso de 16 anos estão todos aí. Estou um pouco mais à vontade fazendo-lhes companhia agora. E eles também me informam como estou trabalhando.

VJD: Então você pode dialogar com essas outras partes suas?

FO: Sim. E à medida que posso incluir mais dimensões de mim mesmo posso alcançar um outro ser. Sei como é estar totalmente perdido e desamparado, totalmente sem esperanças. Já passei por isso. Sei o que é ficar deprimido, sentir que não nos resta qualquer poder na vida. E, assim, essas partes em mim não são mais inimigas a serem evitadas. Mas elas continuam a me surpreender. Aparecem de maneiras que não poderia imaginar. A dúvida que estava lá quando tinha 16 anos ainda ressurge, aos cinqüenta e tantos!

VJD: Como você fica com esse trabalho? Você tem permanecido nessa esfera de ação por 20 anos.

FO: Não acho que trabalhar com os moribundos seja mais importante do que qualquer outro tipo de trabalho. Não mais do que trabalhar no jardim ou cuidar de nossos filhos. Entretanto, para mim, apenas para mim, preciso de algo que realmente prenda minha atenção, porque sou meio obtuso. Algo que me eletrize, ou seja, tanto a prática de meditação estruturada como também entrar num quarto onde alguém está morrendo me ajudam.

Você não pode entrar num quarto onde alguém está morrendo e não prestar atenção. Tudo fica puxando você para viver aquele momento. E, para mim, é um dos lugares mais vivos para estar. É um presente extraordinário. Qualquer lugar que eu esteja reprimindo começa a se revelar. Daí tenho de entender que, quando estou trabalhando com alguém que está morrendo, estou também trabalhando com meu próprio luto, meu medo e minhas inibições. Quando se está sentado na almofada de meditação, a prática principal é a atenção plena. Isso é extraordinariamente poderoso. Mas junto ao leito dois elementos são acrescentados. O primeiro é a presença incondicional. Existe algo que acontece na dinâmica dessa relação entre duas pessoas, a que está morrendo e a que está cuidando, que aprofunda a exploração. E, então, outro fator central, quando estou fazendo companhia a alguém que está morrendo, é um aprofundamento do inquirir, uma porta abrindo-se por meio do eu.

Estar com os moribundos nos expõe a nossa natureza essencial — muito rapidamente e, com freqüência, muito diretamente. A meditação é um caminho muito lento, ao passo que esse processo pode ser muito rápido. E coisas que levariam anos em terapia ou numa prática de meditação podem acontecer imediatamente. As condições são bastante propiciadoras para esse processo de abertura, tanto para quem está acamado como para quem está junto ao leito. As condições são muito intensas, muito únicas e muito conducentes para se abrir, porque todas as maneiras pelas quais nos identificamos — como professor budista, pai ou qualquer que seja — são desmanchadas pelo processo de morrer ou são abandonadas, simplesmente descartadas. Esse processo acontece com quem está morrendo, mas também com o cuidador. É da natureza do processo do morrer dissolver as fronteiras que existiram, tais como sol e sombra, tempo e espaço, você e eu. Essas fronteiras são, literalmente, retalhadas pelo processo do morrer. E essas são as mesmas condições que existem na meditação, excetuando-se a presença incondicional do outro e a porta da inquirição totalmente escancarada. Isso faz algum sentido?

VJD: Ah, sim, um grande sentido. Você já pensou a respeito do seu próprio morrer?

FO: Com certeza reflito sobre isso periodicamente. E me vêm imagens. Mas não sei como vou ficar com isso ou como será. Não quero ser muito budista nesse aspecto, mas realmente não sei. Então, o que tento fazer com minha vida é ficar mais à vontade com a ambigüidade para que esse morrer, seja como for, seja tranqüilo. Pode vir como morte súbita ou quando eu estiver comatoso. Não tenho controle sobre isso.

Às vezes, quando estou numa fila de caixa e fico impaciente, se aquele fosse o momento de minha morte, não estaria tão consciente. Odeio pensar que aquele seria o momento que condiciona meu renascimento. Ao mesmo tempo, porém, há momentos diferenciados. Outro dia, estava num vôo quando, de repente, o avião caiu alguns milhares de metros. Ufa! E a primeira coisa que me veio na mente foi "que eu possa estar seguro contra qualquer perigo, que eu possa ficar feliz e tranqüilo". Essas coisas vieram logo à minha mente porque era um hábito que eu cultivava. Não estou, portanto, tão interessado no momento final da morte como um tipo de experiência derradeira, mas, antes, como uso o conhecimento da morte para me inspirar a mudar meus hábitos agora. Estou bem mais interessado nisso do que em um ponto culminante da morte. Entendo que algumas tradições budistas acreditam que esse seja o momento máximo. Mas não tenho a mesma opinião. Acredito que o impulso de nossos hábitos é tão forte — pelo menos é o que tenho visto — que é transferido para nossa morte, indiferente à configuração, à situação. Assim, os hábitos que criamos são significativos.

Tenho estado com inúmeros praticantes budistas no momento da morte. Um bom amigo, que por 30 anos foi praticante budista, morreu recentemente. O que lhe veio? Sua educação fundamentalista cristã da qual havia escapado aos 6 anos de idade. E era realmente poderosa, apesar dos vários anos de prática budista. Então tivemos que fazer um trabalho onde ele pudesse ficar em paz com isso, encarando um interior cheio de medo e condenação. Se não extirparmos essas coisas agora e as trouxermos à luz do dia, não podemos esperar fazê-lo quando estivermos morrendo.

VJD: Como você treina pessoas no tocante a esse aspecto no asilo? É sistemático ou apenas lida com os assuntos à medida que aparecem?

FO: Ambas as coisas! Existem, é claro, uma estrutura e um sistema de treinamento, mas também tem que ser adaptável para fazer frente ao que está se manifestando no quarto. Tem que ser ambos. E mais. Nas primeiras horas que passamos juntos, nos reunimos e falamos sobre o que nos trouxe aqui. Não por que viemos, mas o que realmente nos trouxe aqui. Qual evento único? Aí convidamos a morte a entrar no quarto. Pode ser por meio de uma série de fotografias. Pedimos a cada um que olhe para elas com franqueza, que vejam, sintam, toquem, encontrem o que as atrai nelas e o que lhes causa constrangimento. É de fato um exercício simples e é importante ver tanto o que atrai como o que repele. Às vezes é a mesma coisa.

Uma vez que tenhamos convidado a morte a entrar no quarto, falamos sobre a transitoriedade, um ensinamento fundamental no budismo. Isso quase sempre leva as pessoas ao local do medo. E as encorajamos a permanecerem nele. Não lhes damos uma porção de ferramentas que possam usar como muleta ou muralha. Isso quase sempre as conduz a um local de dor. Nessa exploração da dor, elas começam a, literalmente, tocar seus próprios sofrimentos, mas também a ficar presentes para os outros. E logo que essa presença esteja estabelecida começamos a introduzir as habilidades. Só então elas podem começar a usar os meios hábeis, assim que ficarem inteiramente presentes no momento.

VJD: Isso parece fazer um contraste dramático com o ensinamento tradicional. Quer dizer que você começa com o coração, o reino da experiência de vida, e apenas depois de estar aberto e engajado é que a mente começa a operar?

FO: Espero que trabalhemos com a mente também, não só com o coração, mas mente, coração e corpo. Fazemos isso no treinamento voluntário, trabalhando com cada um desses centros que ativamos. Você sabe, se estivéssemos no Oriente, a porta seria sempre a concentração intensa, a mente focada. Se você senta na mata que circunda o mosteiro na Tailândia, esse é o caminho. Mas, no Ocidente, creio que o portal seja, com maior freqüência, através da vida emocional. É um portal mais acessível para a maioria das pessoas. A morte é um lugar em que as pessoas podem se sentir muito esmagadas. Então, temperamos o aprendizado com uma prática de plena atenção realmente firme e um senso de comunidade. Os elos criados nos grupos são muito importantes. Além disso, praticamos técnicas físicas — massagem e meditação andando —, mas a vida emocional é como um regato correndo rapidamente no subsolo, e precisamos continuar mergulhando nela.

O que vivenciamos anteriormente no isolamento torna-se nosso solo comum. Uma voluntária em nosso treinamento disse, certa vez, que seus pais eram sobreviventes do Holocausto e por isso ela aprendera a sofrer sozinha. Ela desabafou: "Eu sempre conservei minha aflição junto ao peito. Estava sempre envergonhada. Mas aqui minha dor me une aos outros." Há um tremendo montante de liberdade para as pessoas abrangerem todas as suas experiências, para irem a lugares profundos e reconhecê-los como locais de encontro onde podem trabalhar com os moradores daqui. E, então, o fato de estar sentindo raiva, dor, medo ou alegria realmente não importa tanto como a conexão. A questão é: "Você pode usar isso, esse pode ser o contexto para reunir-se, para compartilhar esse momento de vida?"

VJD: Como você colocou seu aprendizado no Zen Hospice numa forma transmissível para colegas de trabalho? Como compartilha o que aprendeu aqui?

FO: Ao tentar resumir todo o trabalho que fazemos aqui no Zen Hospice, tudo ficou formatado em exatamente cinco categorias, o que agora chamo de cinco preceitos, cada um investigado profunda e continuamente por cada cuidador, de forma que possamos nos adaptar a eles. Não podemos tomá-los apenas como regras, algo a ser feito. Temos que descobrir um meio de vivenciá-los a cada dia.

O primeiro preceito é: *Dê boas-vindas a tudo e não rechace nada*. A melhor maneira de explicar o que isso significa é por meio de uma história. Tínhamos um cliente na unidade psiquiátrica que tentou cometer suicídio. Ele sentia que não restava mais qualidade em sua vida. Entrei na unidade, sentei-me numa cadeira perto de seu leito, quieto, por muito tempo. Finalmente, depois desse longo período de silêncio, ele disse: "Quem é você?" Eu respondi, e ele falou: "Ninguém jamais se sentou perto de mim por tanto tempo." Eu lhe expliquei que pratico bastante sentando-me quieto. E perguntei: "O que você quer?" Ele respondeu: "Espaguete." Aí disse que tínhamos um bom espaguete em nossa casa e o convidei a vir morar conosco. Ele concordou.

No dia seguinte, então, ele chegou ao Zen Hospice e, ao entrar, tínhamos uma enorme tigela de espaguete esperando por ele, que comeu tudo, sorrindo, sem dizer uma palavra. Pouco antes de morrer, falou: "Frank, quero agradecer a você. Estou mais feliz agora do que jamais estive." Perguntei-lhe em que ocasiões queria se matar: quando não podia escrever em seu diário, andar no parque ou qualquer coisa assim, quando não tinha mais vontade de viver. E ele disse: "Ah, aquilo. Aquilo era apenas perseguir o desejo." Achei esse comentário impressionante. Esse foi um homem que viveu num pequeno hotel no centro da cidade. Eu perguntei: "Você quer dizer que essas atividades não são mais importantes?" "Não", retrucou. "Não são as atividades que me trazem alegria. É a atenção a essas atividades. E agora meu prazer vem do frescor da brisa e da maciez dos lençóis."

Não sei se isso pode ser considerado um morrer consciente ou não, mas achei extraordinário. Nunca o ensinamos a meditar. Ele não estava realmente interessado. Apenas juntamos nossas forças às dele em suas inquirições e criamos um ambiente onde o que devesse acontecer poderia acontecer. É o mesmo ambiente que criamos quando sentamos na almofada, exatamente o mesmo ambiente. Quando pessoas estão doentes e lhes emprestamos a força de nossos corpos para chegarem até a cômoda, podemos também lhes emprestar a força de nossa alma. Nós lhes damos o sossego de nossa experiência e geramos a abertura, a confiança no processo.

Por trás de sua tentativa de suicídio havia o medo absoluto. A morte era seu bilhete de saída. Sozinho não poderia fazer. Ele tinha uma estratégia para evitar o sofrimento. E, como alternativa, dissemos: "Estaremos com você nisso. Olharemos para isso juntos." Bem, não usamos estas palavras, apenas fizemos. E ele compreendeu. Enfim, dê boas-vindas a tudo, não rechace nada, este é o primeiro preceito.

O segundo é: *Traga todo o seu ser para a experiência*. Sempre pensamos em trazer nossa habilidade para a experiência, mas devemos também trazer nosso ser por inteiro, incluindo nossa fraqueza, nosso desamparo e nosso medo. Tudo isso cura também. Trabalhar com o moribundo é realmente uma atividade íntima, e não podemos fazê-la a distância. Temos que ser parte da equação. Eu sigo na direção oposta da maioria dos treinamentos médico e acadêmico. Digo que deixem o coração partir-se. Abram o coração para tal pessoa. É bom que parta seu coração. Está tudo bem, o coração se cura. É um músculo macio.

Sim, é importante ter algumas fronteiras na vida. Temos que saber como fazer isso. Mas, em determinada conjuntura, temos que deixar que as fronteiras se dissolvam para realmente compreender como é o sofrimento daquela pessoa.

O terceiro preceito é: *Não espere*. O esperar é cheio de expectativas. Com muita freqüência, perdemos esse momento, esperando pelo momento certo. Esperando chegar o momento de morrer, podemos perder tudo no tempo que se vive. Quando você me perguntou antes, sobre como gostaria que fosse minha morte. Quero que minha vida inteira tenha sido vivida plenamente até aquele momento. É isso que quero verdadeiramente. Portanto, não espere. Quando houver pessoas que você ama, diga-lhes que as ama. Tínhamos um membro do conselho que veio a mim quando lhe disseram que sua mãe estava morrendo. O médico falou que ela teria seis semanas de vida. Ele veio me visitar, dizendo que não sabia o que fazer. Perguntou-me então: "Devo voltar e ficar com ela? Ela vive lá longe, em Toronto, e aqui estou eu em São Francisco."

Eu pedi: "Apenas me fale o que está acontecendo com você." E ele me disse. Então, eu lhe disse: "Acho que você deve ir hoje à noite."

E ele foi. Estava sentado junto à mãe no dia seguinte, quando ela morreu. Não espere. Jamais espere.

O quarto preceito é: *Encontre um lugar de repouso em meio às atividades.* Podemos encontrar nosso local de repouso voltando nossa plena atenção para qualquer coisa que estivermos fazendo. Sempre pensamos que o repouso resulta de uma abstração de nossa atenção, mas creio que o oposto é verdadeiro. Quando estou inteiramente engajado, sinto-me muito repousado.

Em qualquer atividade de que participamos, se nos voltamos completamente a ela, então nada será residual, nada resta depois. Suzuki Roshi tinha fama de comer suas maçãs até o caroço mais tênue. Era assim que lidava com a vida. Ele realmente a consumia. É a noção budista de sentar-se em meditação como se o seu cabelo estivesse pegando fogo, com um senso de urgência.

Se somos cuidadores, quando estamos lavando as mãos, apenas lavamos nossas mãos. Dedicamos total e completa atenção ao ato. Quando estamos com o paciente, estamos totalmente com eles, mesmo se for por apenas um breve momento. Darei um exemplo. Trabalho muito com enfermeiras, e algumas dizem: "Ah, não tenho tempo para toda essa coisa!" E, então, falo: "Bem, quando você está tomando o pulso de um paciente, isso deve levar alguns minutos, certo?" Várias vezes as enfermeiras enganam, tomando o pulso em 30 segundos ou talvez só 15 e, aí, simplesmente multiplicam. Então sugeri que usassem os 30 segundos inteiros — talvez até um minuto todo — e que ficassem plenamente atentas ao tomarem o pulso do paciente. Esse é um ato extraordinariamente íntimo se você olhar nos olhos do paciente, não para a janela. É um modo de voltar a atenção plenamente para o momento, algo que nos reanima em vez de nos exaurir.

Há uma história que combina com esse preceito. Havia uma velha senhora, chamada Adele, uma dama russa judia de 86 anos, muito excêntrica. Na noite em que estava morrendo, eles me chamaram e fui até a casa dela. Chegando ao quarto, no segundo andar, encontrei-a sentada à beira da cama, ligeiramente inclinada, respirando de forma realmente irregular, "U-u-u!". Ela estava, na ocasião, morrendo ativamente. Sentei-me no sofá, bem perto dela. Havia uma assistente, excelente profissional. Ela virou-se para Adele e disse: "Você não tem que ficar assustada." E Adele levantou a cabeça, retrucando: "Ei, meu bem, se isto estivesse acontecendo com você, você estaria assustada!" Assim, desse jeito, sabe! Fiquei no canto do sofá. Pouco depois, a assistente falou: "Adele, me parece que você está fria. Gostaria de um cobertor?" Adele respondeu, com sua voz poderosa: "É claro que estou fria, estou quase morta!" Ela era realmente uma mulher dura. E pensei duas coisas, ali sentado, sobre o que estava acontecendo, de fato, naquele momento. Em primeiro lugar, Adele queria uma conversa direta sobre o que lhe acontecia: ela não queria *slogans*. Ela não queria trabalhar sua morte. Ela não queria falar de túneis de luz ou estados do Bardo, nada desse gênero! Ela queria uma comunicação honesta. Alguém que pudesse estar com ela de uma forma autêntica. E, em segundo lugar, havia medo. Apesar de todas as intervenções — ela recebeu medicamentos para a dor, morfina, oxigênio, todas as coisas de que precisava —, apesar de tudo isso, ela estava sofrendo. E isso era evidente em sua respiração.

Então, eu sempre vou em direção ao sofrimento. Levantei-me, fui até ela, cheguei bem perto e disse: "Adele, você gostaria de sofrer um pouco menos?" E ela respondeu: "Siiiim." Eu disse: "Está certo. Notei, quando você está respirando, que bem no final da expiração há uma pequena lacuna. Pergunto-me como seria para você colocar sua atenção ali." Disse-lhe que faríamos aquilo juntos.

Ora, ali estava uma velha dama judia que não se interessava nem um pouco por budismo, meditação, nada disso. Havia evitado essas coisas no passado. Mas, naquele exato instante, estava altamente motivada para livrar-se do sofrimento. É o que leva a maioria de nós a sentar na almofada de meditação. Se conhecermos nosso próprio sofrimento, se soubermos o que nos leva a sentar na almofada, podemos usar isso como um local de encontro com o sofrimento de outras pessoas.

Então ela concordou, e começamos a respirar juntos. Dei-lhe um só pouquinho de orientação. Encorajei-a a repousar naquela pausa. E, à medida que fazia isso, podia-se ver o medo em sua face simplesmente desaparecendo. Realmente impressionante! E aí ela morreu. Tinha encontrado seu local de repouso. Nada mudou. As condições eram as mesmas. Ela ainda estava morrendo, mas havia encontrado um local de descanso, bem ali em sua respiração. Como cuidadores, temos que manter esse princípio bem presente, encontrando um local de repouso no meio de tudo.

O último preceito, o quinto, é: *Cultive a mente ignorante*. Isso significa deparar com cada momento de uma maneira renovada. Há um ensinamento corolário de Dogen, mestre budista do século XIII, que reza: "Não saber é mais próximo."* E não saber é muito íntimo. Temos que estar muito perto de algo para conhecer essa coisa, como faríamos ao atravessar uma caverna à noite, grudados nas paredes e no chão. Estar com os moribundos é semelhante. Temos que abandonar nossas idéias preconcebidas. Não quero dizer que precisamos jogar fora nossos instrumentos ou nossa especialidade. Tenho uma caixa de ferramentas realmente boa, mas não vou colocá-la entre mim e o cliente.

VJD: Então você não impõe seu conhecimento a outras pessoas?

FO: Certo! Assim podemos caminhar com elas nesse processo, inquirindo continuamente sobre onde podíamos estar, não recuando e revelando uma visão particular. Essa prática pode nos auxiliar a perceber quando a mente ou o corpo se contrai. Essa capacidade de não saber, de querer ser tão íntimo na conexão que não dirigimos, mas acompanhamos, é o cerne do treinamento no Zen Hospice. São esses os cinco preceitos que usamos aqui, e os considero muito úteis também em outras dimensões.

---

* Dogen é um mestre budista do século XIII que levou o Soto Zen para o Japão.

VJD: Para onde tudo isso caminha? Que mudanças você vê pela frente nesse trabalho?

FO: Nossa geração sempre quis a escolha. Em tudo, em todos os sentidos. Se você vai à cafeteria Starbucks, tem à sua disposição dez tipos diferentes de café com leite. Comprei um aparelho de som ontem. Consultei na Internet e havia simplesmente opções demais. Era impossível escolher. Fui até a loja, eles tinham dois modelos de aparelho receptor, e aí perguntei: "Qual devo levar?" Conversamos e comprei um. Adoramos ter opções, mesmo quando isso nos deixa loucos! Então, tenho certeza de que esta geração, à medida que envelhece, pedirá opções quanto ao modo de morrer. Iremos demandar um cardápio de opções quando estivermos para morrer: quem estará em torno de nós, de que modo morrer, onde nossa cama estará e que ajuda obteremos para iniciantes. O sistema de saúde, tal como está montado hoje em dia, não está realmente preparado para isso.

VJD: Você se refere principalmente ao sistema de saúde geral?

FO: Refiro-me a todos os sistemas de saúde, geral e complementar. Ambos têm certas visões rígidas e a crença de que o caminho deles é *o* caminho. Lembro-me de quando participei de um evento, anos atrás, no California Institute for Integral Studies, na ocasião em que estruturavam um programa em assistência em saúde holística. Eles convidaram um grupo de pessoas para um encontro de um dia inteiro para conversar a esse respeito. Observei as pessoas se apresentarem em primeiro lugar, e cada uma descrevia sua prática como "holística" e, apesar disso, com essa descrição eliminavam outras práticas representadas na mesa.

Nossa geração vai querer escolher e selecionar das medicinas geral e complementar. E todos os sistemas existentes — inclusive a assistência em asilo, que também tende a ter critérios e métodos definidos com muito rigor — serão interpelados a se adaptar e mudar. E, à medida que isso acontecer, penso também que as pessoas vão querer que um único indivíduo lhes sirva de guia, que as auxilie com as escolhas no fim da vida.

Uma jornada rumo ao Oriente

Nosso treinamento de conselheiro para o fim da vida é ímpar no sentido de preparar tais guias. Prepara um único indivíduo para ser um educador, defensor e guia. É alguém que pode ajudar a selecionar, através do labirinto dos serviços de assistência à saúde e serviços sociais, as miríades de escolhas que devem ser feitas. Eles podem ajudá-lo não apenas a pensar sobre o *local* em que o morrer se dá — em casa, no hospital ou em qualquer outro lugar totalmente distinto —, mas também defendem a alma no processo do morrer. Eles são treinados como guias que ajudam a planejar o desdobramento do processo.

Esses conselheiros não são como um chefe de escoteiros que marca o caminho. Eu os comparo a parteiras que auxiliam uma mulher a descobrir seu próprio caminho, redirecionando-a a seus próprios talentos e habilidades. A parteira usa a matéria de vida da mulher para ajudá-la a parir. Ela sabe que o bebê vai nascer, não há dúvida, mas apenas dizer isso à mulher não traz tranqüilidade. Seu papel é bem mais ativo.

VJD: A meta deles é realmente estar com a pessoa durante o processo?

FO: Exato! Há uma demanda enorme por esse tipo de indivíduo durante o estágio do morrer à medida que nossa cultura é confrontada com tantos milhares que vão morrer de maneira atenta, consciente e ativa. Formas novas e muito criativas de assistência nascerão. E não tenho a menor idéia de quais serão! Posso especular a respeito de algumas, mas não estou tão interessado nisso no momento. Estou interessado em criar uma rede de indivíduos prontos para corresponder a essa mudança cultural. Essa é uma rede de pessoas inovadoras, criativas, adaptáveis, flexíveis, que servirão como educadoras e agentes de mudança nas comunidades e instituições.

VJD: Então surgirão novos modos de trabalhar?

FO: Sim, os modos surgirão tal como sucedeu no movimento inicial. Outra situação em que podemos observar como exemplo disso é o que aconteceu na epidemia da Aids. Essa epidemia soa como uma história antiga para alguns, mas nós, que estivemos em serviço durante os anos 1980, sabemos que algo foi criado do nada. Os sistemas com que contamos agora — grupos de suporte, de defesa, indivíduos tornando-se conscientes de suas condições de saúde e escolhas — não existiam antes.

Recentemente, vimos como o movimento de mulheres com câncer de mama adapta muitas táticas como essas e requer mudanças, também. Se contemplo o século XX identificando os grandes movimentos espirituais, escolheria dois: o dos Alcoólicos Anônimos e aquele que foi estimulado pela epidemia da Aids. E mesmo tendo problemas com parte do que o AA sustenta, eu diria que seu efeito amplo na cultura foi importante e gigantesco. A resposta de nossa cultura à Aids tem sido também enorme e muito mais acelerada. Amplas camadas da nossa população tiveram que repensar questões a respeito de sexualidade e morte e precisaram pressionar para a mudança bem rapidamente. É claro que sinto essas coisas mais por estar em São Francisco, mas o mesmo ocorre no país todo.

A comunidade do asilo teve que crescer exponencialmente também em resposta à Aids. Ainda assim, a comunidade da Aids, às vezes, rejeitava o movimento asilar. Entretanto, as pessoas começaram a falar sobre a morte, encarando-a com grandeza. Até a Segunda Guerra Mundial, não tínhamos feito isso. Porque a morte estava entrando nas casas e era preciso falar sobre o assunto. E porque o tema da morte entrou na discussão familiar, na comunidade, na casa e nas discussões no ambiente de trabalho, as pessoas começaram a perguntar a próxima série de questionamentos óbvios. Se a morte é inevitável, então como desejamos conduzir nossas vidas mais plenamente? Esta é realmente a parte excitante a respeito de como colocar a morte na equação: não como nos preparamos para o momento da morte, mas como conduzimos nossa vida sabendo que a morte chegará para nós?

VJD: Considerando os movimentos que acabou de identificar, como você vê o budismo como parte dessa cultura?

Uma jornada rumo ao Oriente

FO: Não foi Arnold Toynbee [o historiador e filósofo inglês] quem disse que o maior acontecimento do século XX foi a vinda do budismo para o Ocidente? Eu concordaria dizendo que ele acertou na mosca. Mas o budismo tem sido modificado por dois fatores importantes no Ocidente. O primeiro é o feminismo. O lugar das mulheres em nossa cultura mudou fundamentalmente o modo como o budismo é praticado no Ocidente.

O segundo fator que está acontecendo neste momento, é o encontro do budismo com o serviço. O budismo amadureceu no Ocidente, e o que foi anteriormente compreendido como um tipo de prática bastante absorta em si está agora adentrando mais amplamente em outros aspectos da vida. Na prática tradicional zen, sentamos diante de uma parede. Creio que coisas como o Projeto Zen Hospice estão afastando o praticante da parede, redirecionando-o para o serviço no mundo. Ainda sinto aquela parede atrás de mim, me apoiando. Eu não abandonaria essa prática. Mas as formas de budismo que enfatizam a interconectividade estão se tornando mais populares. Penso que o encontro com o serviço será um tremendo deslocamento.

Em grande parte, o Ocidente tem suas raízes na estrutura judaico-cristã, que possui uma doutrina de caridade, uma bela tradição. Mas caridade não mudou nada. A caridade enfatiza a diferença, o eu e o outro. O que o budismo pode introduzir nisso é a dissolução do eu e do outro. A ação do serviço não diz respeito a mim ou a você. No ato do serviço, juntamos algo maior do que qualquer um de nós, o serviço do Todo. Já estamos vendo isso agora. Todas as mais maduras comunidades do Dharma têm algum tipo de prática de serviço em andamento. Isso era raro 15 ou 20 anos atrás, mas agora está crescendo por todo o país, e no mundo ocidental. Esse é um novo diálogo que eu gostaria de encorajar.

VJD: Toda a inquietação após o 11 de Setembro e o recente furor com relação à possível guerra contra o Iraque tornaram esses meses sombrios e preocupantes para muitos. Ainda assim, você parece bastante otimista.

FO: Vejo sinais de mudança em toda parte. Apenas reconheço o que está acontecendo agora. Não estou inventando nada. Não fui sempre assim, mas sinto-me muito esperançoso hoje. Tenho sido nos últimos anos. Sempre tive uma visão bastante crítica da vida, crescendo como cresci, fazendo o trabalho do serviço em tantos lugares de batalha e dor. Mas sinto-me bem otimista atualmente, mesmo com as terríveis tragédias em nosso mundo.

Não sei se o budismo encontrará seu caminho em nossa cultura, assim como fez o cristianismo. Mas os efeitos que estão surtindo — particularmente o lugar da prática da plena atenção — estão penetrando em todas as dimensões de nossa sociedade. Basta ver as aulas de redução de estresse de Jon Kabat-Zinn. Elas estão em mais de 2 mil hospitais de um lado a outro do país. Ora, se ele tivesse chamado as aulas de "Meditação Budista para Principiantes", ninguém as teria comprado! Mas agora temos locais em todo o país que estão pagando para que as pessoas freqüentem as aulas de redução de estresse.

Em termos de futuro, creio que o budismo americano tem a vertente da prática de meditação fundindo-se com a prática do serviço, e isso o mudará fundamentalmente. O budismo americano está tentando encontrar sua própria voz e sua própria forma. Não será uma recriação do que é no Japão, na Tailândia ou no Tibete. O poço é profundo e rico, e devemos recorrer a ele. O que o budismo americano vai se tornar, porém, será novo e diferente de qualquer outro lugar. Quem sabe como será nos próximos 25 ou 30 anos? Mas, enquanto isso acontece, serei uma voz defendendo que examinemos nosso relacionamento com o serviço. Acho que irá aprofundar a prática budista e aprofundará o serviço. Ainda há de existir uma nova forma de combiná-los dinamicamente, mas penso que ela está sendo criada exatamente agora.

Joan Halifax
Abraçando o desconhecido

"Trabalhando com os moribundos, somos constantemente lembrados do que importa: amor, gentileza, generosidade e nossa interconectividade."

"Vida após vida, morte após morte, o modo como vivemos e morremos está sendo transformado."

JOAN HALIFAX imergiu-se no ensinamento e no aprendizado do processo da morte há três décadas. Ela é líder espiritual em sua comunidade no Novo México e ao redor do planeta, ativista social em prol da paz, além de organizadora e guia de trilhas pelas vastidões do deserto e cordilheiras do mundo todo. Halifax viajou, estudou e colaborou com Alan Lomax, Stanislav Grof e Joseph Campbell. Em 1979, fundou a Ojai Foundation, na Califórnia, um laboratório estimulante em prol da dinâmica combinação das abordagens orientais e ocidentais para a evolução do ser humano e mudanças sociais. Ela deixou Ojai no final dos anos 1980 e fundou o Upaya Zen Center em Santa Fé, no ano seguinte. Foi ordenada no mesmo ano. Logo depois de fundar o centro, deu início ao Projeto Upaya Prison, que oferece programas de meditação a prisioneiros em todo o estado do Novo

México. Roshi Joan — como é chamada — usa consistentemente sua experiência de vida como plataforma de seu aprendizado, ensino e prática. Sua história de vida tem sido contada em cada um de seus sete livros, assim como na série de fitas de áudio em seis partes, denominada *Being with Dying* (Sounds True Audio). Seu professor, Thich Nhat Hanh, disse a seu respeito: "A verdade do sofrimento contém a verdade da emancipação. (...) Esta compreensão está no cerne do trabalho e vida de Joan."

Conversei com Roshi Joan no Upaya Zen Center em Santa Fé. Nós nos encontramos de manhã, após um workshop incrível, no qual ela e o Lama Tempa Dukte passaram o dia examinando e ensinando práticas da morte e do morrer do budismo e do bon. Foi a primeira vez que esses ensinamentos foram apresentados aos ocidentais. Sua honestidade ao relatar a história de altos e baixos, batalhas e realizações ao longo de suas seis décadas de vida reluziu como o clarão do sol sobre as geleiras a 20 mil pés de altura.

Victoria Jean Dimidjian: Roshi Joan, você tem sido uma das professoras budistas mais abertas no âmbito pessoal. Como chegou a esse caminho de fronteiras abertas, uma vez que faz parte de uma tradição com tanta hierarquia e vários conceitos?

Joan Halifax: Na Ásia, a biografia não é tão importante e o individual não tem tanta relevância. Realmente, nenhum verdadeiro sentido. Mas, na América, nossas histórias são onde começamos. Biografia, psicologia, histórias de nossas vidas, é por aí que começamos no Ocidente.

Sou mulher e vivo em conexão. Aprendo, cresço através da conexão. Então, tudo isso torna mais fácil abrir-se e deixar a história ser parte do ensinamento. Penso que a parte difícil é que a fronteira entre mim e qualquer coisa é pequena, o véu é muito fino. Não é, portanto, sempre fácil para mim, já que minha vida é uma experiência tão pública e transparente. Há momentos em que gostaria apenas de privacidade, de ter uma vida sossegada. Mas aceitei esse caminho que veio para ser quem sou. Coloquei-me nessa situação, vivendo com essa transparência, e estou muito confortável com ela. Meu nome de Dharma é Chan Tiep. Em vietnamita, significa "continuação verdadeira". O fluxo da vida continua por cima, em toda volta, sob as paredes, além das fronteiras.

VJD: Alguns professores foram progredindo para um estilo de ensinar partindo do si mesmo. Contudo, me parece que desde seus primeiros escritos você estava aberta nesse sentido. Desde o início, você se viu não como apenas uma professora, mas como...

JH: Uma estudante da vida.

VJD: Da vida?

JH: Sim! Tudo é, para mim, um ensinamento. Tenho que olhar para a minha vida inteira. Tenho que conectar o dentro e o fora porque tenho muitas responsabilidades, não apenas comigo, mas com muitas pessoas. Tenho que aprender com todos os elementos de minha experiência. Constantemente. Não é algo puramente teórico. É um contínuo processo de auto-análise, a experiência prática de fazer isso dentro de mim enquanto trabalho com as pessoas.

VJD: Esse processo é algo que você aprendeu ao longo do caminho ou é quem sempre foi?

JH: Creio que isso é parte da minha personalidade. Quando eu era criança, tive muitas doenças e sofri muito. Tive muitas experiências com a morte que me fizeram questionar e buscar dentro de mim. Percebi que o único modo de conhecer o outro era conhecendo a mim mesma. Acho que minha própria experiência de dor serve de inspiração para várias pessoas. Elas podem ser tocadas pela verdade que passei por tamanha destruição rudimentar e sempre retornei ilesa.

VJD: Você disse, em seu primeiro livro, *Fruitful Darkness*, que intuitivamente relutava em mergulhar em si mesma quando estava na faixa dos 20 anos. Ainda assim, você o fez. Parecia escrever, na época, a partir do medo, mas, também, a partir de uma determinação absoluta de explorar o que está assentado lá dentro, no fundo.

JH: Perfeitamente! A relutância vem do medo, e medo gera doença, resistência, ansiedade. Mas eu queria uma vida plena, uma vida integral e contínua. Para que isso aconteça, tenho de estar constantemente aberta para vida interior e exterior. Tenho de estar vigilante, essencial para a minha sobrevivência e minha capacidade de ser útil aos outros. Então, não tenho muita preguiça ou muita paciência, especialmente com coisas que refreiam as pessoas. Não aceito os muros que certas pessoas colocam para si o tempo todo.

VJD: Ainda assim, você parece estar empenhada em ajudar o outro a atravessar suas barreiras...

JH: Sim. É a única maneira de avançar. Os relacionamentos são o contexto onde recebemos os estímulos para aprofundar e esmiuçar quem realmente somos. Aprendi com meu pai, minha irmã, minha mãe, com a criada afro-americana que se tornou a pessoa mais próxima quando eu era jovem e doente. Todos esses relacionamentos me ajudaram a começar essa jornada da vida. Todos eles foram fundamentais naquele começo. Mais tarde, tive um professor de ciências, Sr. Fitzgibbons, que estava no barco em Pearl Harbor e teve seu rosto esfacelado. Tenho certeza de que ele já se foi há muito tempo, mas me ensinou,

Joan Halifax: Abraçando o desconhecido

me ajudou. Depois, foi Alan Lomax quem me inspirou, foi meu mentor e bom amigo. Trabalhei com ele por muitos anos, viajei e aprendi muito. Pessoas como Stan Grof, meu ex-marido, Joseph Campbell e Huston Smith, todos viveram essa intensa investigação de si mesmos. Meus professores budistas também me ajudaram. Cada um me levou mais longe...

É interessante que não houve mulheres nesse caminho, pelo menos não em minha vida adulta! Ainda assim, meus relacionamentos mais íntimos têm sido com mulheres. Primeiro, com minha mãe, com minha irmã e com a moça afro-americana que me criou. E, então, minhas irmãs de Dharma, mulheres que vivem com profundidade e passaram por grandes perigos. Essas mulheres têm sido essenciais.

À medida que observo minha vida agora, em meu 60º ano, reconheço que os homens tiveram um papel importante, ao me inspirarem, guiarem e ensinarem. Mas os relacionamentos mais sutis e duradouros, se não os mais importantes, têm sido com as mulheres, inicialmente na minha família e, depois, com as professoras do Dharma que ousaram se lançar e assumir algum tipo de responsabilidade por suas vidas e seus trabalhos em benefício alheio. E é fundamentalmente com mulheres que compartilho o trabalho de ensinar o cuidar compassivo do moribundo.

VJD: Seus ensinamentos budistas e o cuidado do moribundo têm sido um novo mundo para nós que vivemos no Ocidente. Como foi o seu primeiro contato com o budismo?

JH: Bem, eu era uma pessoa dos anos 1960! Eu me interessava pelos direitos humanos. Então, o movimento de direito civil era um canal natural para mim, assim como o movimento contra a guerra. Mas, mesmo envolvendo sob todos os apectos uma mudança social, implicava muita dinâmica de antagonismos. Durante aquele tempo comecei a ler sobre o budismo. Primeiro li Krishnamurti, depois D. T. Suzuki e Alan Watts. E ouvi a respeito de Thich Nhat Hanh e o li na metade dos

Uma jornada rumo ao Oriente

anos 1960. E senti que eu era budista! Em minha cabeça, sim, e em meu coração, também.

Só encontrei um professor budista realmente em 1973, quando Stan Grof e eu fomos ensinar no Naropa Institute. Eu estava praticando meditação por conta própria e me senti uma budista. Aí encontrei Trungpa Rinpoche. Ele era simplesmente espetacular, mas não era a abordagem adequada para mim. Eu não queria que aquela fosse a minha prática de base, mas sim uma vertente importante para me nutrir, por causa de sua ênfase na *bodhichitta* e por seu domínio muito rico dos ensinamentos sobre a morte e o morrer.

Os textos do zen que li foram bastante adequados para mim, apenas uma praticante. Então, quando encontrei Jack Kornfield, nos anos 1970, tínhamos praticamente a mesma idade, e ele me indicou um mestre zen coreano, Seung Sahn. Foi um ajuste perfeito. Praticamos anos juntos. Pela primeira vez eu tinha uma comunidade, uma prática de meditação estável com outras pessoas. Encontrar o pivô de ferro da espinha, mesmo quando vivia um intenso sofrimento.

Thich Nhat Hanh foi meu segundo professor. Encontrei-o em 1985, em Plum Village. Conversamos a respeito dos diferentes modos de demonstrar a meditação em atos e de construir um mundo de paz através do budismo engajado. Ele me inspirou a reduzir a complexidade da minha vida e a criar um refúgio de simplicidade para mim e para outras pessoas.

Mais tarde tive a grande sorte de trabalhar com o Roshi Bernie Glassman, que foi meu terceiro professor. Ele é do tipo que acha ouro entre os seixos e que leva a prática e altares para as ruas. O círculo de assistência e compaixão que ele abriu está constantemente se expandindo, chegando aos desabrigados, aos moribundos e a outros, que são, com muita freqüência, deixados de fora ou isolados. E tive a grande vantagem de ter amigos que eram professores de Vipassana e que ampliaram minha admiração pelos sutras e por uma abordagem mais metódica do processo de meditação. As pessoas que vêm aqui ao Upaya estão sempre surpresas porque não sou tão zen, só lançando as

Joan Halifax: Abraçando o desconhecido

pessoas em direção à parede [ri e se sacode fortemente enquanto diz isso] e pelo fato de eu tentar ensinar metodicamente. Passo a passo, usando a rede mais ampla que puder.

Trinta anos depois, minha prática desenvolveu-se no que chamo de Upaya Zen, um zen que tem sido realmente enriquecido pelos ensinamentos do Mahayana e do Vipassana.

VJD: Como foi que seu foco na morte e no morrer ficou mais direcionado nos últimos 20 anos ou mais?

JH: Minha avó foi a primeira inspiração em minha vida, mas meu trabalho se tornou bem mais intenso em 1970, quando eu trabalhava como antropóloga médica na University of Miami Medical School. Vi moribundos muito marginalizados. Vi práticas de cultura da morte de povos sendo mal-entendidas ou negadas. Aí Stan Grof e eu começamos a fazer um trabalho com LSD com os moribundos. Vimos as experiências psicodélicas como uma abertura, um vão na transição do viver ao morrer. E tomei LSD para acompanhar o viajante, para aprender com eles. Fiz uma imersão completa e extraordinária nesse mundo do sofrer e do morrer. Foi o resultado daquele trabalho, daquela inspiração que me move há 30 anos.

VJD: Quando li *The Human Encounter with Death*, que você escreveu com Stanislav Grof, voltei com muita intensidade aos anos 1960, à abertura de novos caminhos, à imersão no desconhecido. Como você encara, em retrospecto, essa obra atualmente?

JH: Ah, foi um trabalho incrível, espantosamente profundo! Além disso, numa época fantástica! Quando olho para o trabalho realizado durante décadas, com os moribundos, concluo que nada do que tem sido feito desde então foi tão corajoso e tão profundo. Ele tem sido uma fonte contínua de aprendizado e inspiração em retrospecto.

Uma jornada rumo ao Oriente

VJD: Quando leio essa obra e penso a respeito daquela época, sinto a presença de uma criança despreocupada encontrando a chave de uma porta há muito tempo fechada.

JH: Bem, talvez, mas isso é provavelmente porque, como americanos, carecemos de tradições espirituais em nossas vidas. Unificar-se com os que se foram é nossa herança espiritual, quer a tomemos como os santos do cristianismo ou como os padres judeus do deserto.

É o coração do cristianismo, a própria essência daquela tradição, assim como do judaísmo e do islamismo. É trágico que nosso mundo tenha se tornado tão secularizado, especialmente o modo de vida americano que vemos atualmente, com a cultura de massa que assombra as pessoas.

Nunca me senti de fato uma leiga. Agora, então, que sou ordenada, não parece estranho estar separada do mundo secular. Desde pequena, sempre senti que a coisa mais importante era a vida espiritual. Mesmo antes dos 4 anos, lembro-me disso, e o sentimento não mudou. Busquei aquele senso da importância da vida espiritual sem me desviar — realmente, sem nunca parar — desde aquele tempo.

Não creio que possa usar a palavra *ingênua*. Acho que algumas pessoas, talvez por motivo de doença, carma ou algo mais, desenvolvem um senso de um imperativo espiritual. Para outras, isso se desenvolve mais tarde na vida. Certas pessoas esperam até serem diagnosticadas com uma doença! Afinal, uma enfermidade catastrófica causa um impacto muito profundo! Sinto-me abençoada por ter tido a experiência desde cedo. Mas se olho para alguém como Tempe [o lama nepalês com quem estudou pela primeira vez], ele nasceu em meio à vida espiritual. Ele a vive completamente. Não há divisões.

É uma luta ter uma vida espiritual no mundo ocidental. O mundo aí fora é baseado no consumo, e o mundo espiritual baseia-se no desprendimento. A materialidade do mundo nos retém.

VJD: O sentimento geral da época mudou bastante nessa direção. Nos últimos 20 anos, é como se o materialismo nos governasse, como se governasse o mundo todo. Mesmo se tentamos individualmente, é muito difícil! Mas talvez tenha sido sempre assim...

JH: Sim, exatamente, tem sido sempre assim! A vida espiritual é uma escolha, um afastamento deliberado da definição material de vida cotidiana. Os seres humanos sempre viveram com essa dualidade.

Mas, claro, muito depende agora de como você vive sua vida particular. É, certamente, mais fácil se você vive numa comunidade espiritual. Isso o mantém constantemente ativo na dimensão espiritual. Trabalhando com os moribundos, somos constantemente lembrados do que importa: amor, gentileza, generosidade e nossa interconectividade.

Mas acho que é realmente difícil para as pessoas que precisam se levantar de manhã cedo, estar no trabalho às 9h, e têm filhos e responsabilidades financeiras. Parece tão real que é realmente difícil ver além! Ainda luto contra isso.

Tenho tantas responsabilidades que são materiais aqui! Quero dizer, é por isso que fui, de certa maneira, esmolando por *dana* [doações] ontem. [Ela ri e então suspira.] Espero realmente que as pessoas venham aqui e encontrem sentido, que isso não fará com que seja sempre necessário que eu saia para conseguir dinheiro, mantendo este lugar como tenho feito nos últimos dez anos.

VJD: E ainda assim você assumiu a função de mãe geradora do Upaya. E, antes disso, da Ojai Foundation.

JH: Precisamos de mandalas de prática e eu, aparentemente, tenho o perfil de começar coisas. Posso ativá-las. Então começo o que é necessário. Não sei se tenho estrutura para mantê-las! Mas, certamente, tenho tido habilidade para criá-las e fazer com que as instituições sigam por aquele caminho.

Sinto que centros espirituais são essenciais, cruciais para tudo o que acontece no mundo hoje. Ojai foi uma comunidade educativa profundamente influenciada pelo budismo e pelo deserto, um experimento onde professores e alunos de diferentes culturas se reuniram para explorar o que significava viver uma vida espiritual. Foi uma experiência extraordinária, um tempo que vivi com permeabilidade, sem uma vida pessoal de fato. E então, após uma década, eu precisava de solidão. Encontrei-me solitária entre as pessoas. Deixei Ojai sabendo que tinha uma identidade institucional que se sustentaria firmemente. Mas eu precisava voltar à simples prática de meditação sozinha.

VJD: E você pode falar do processo de visão, se é que essa não virou uma expressão muito batida, e como você chegou a esse lugar que hoje dirige há uma década? Ou dos outros projetos e centros que começou mais cedo em sua vida?

JH: Ah, eu simplesmente não entendo toda vez que isso acontece. Alguém me dará algo, ou estarei no ambiente — numa situação física como foi aqui no Upaya — e os recursos se materializam. Isso aconteceu antes em Ojai e agora está acontecendo aqui, no Upaya. Recursos adicionais estão sendo atraídos e outras situações se desenvolvendo neste exato momento. E minha natureza essencial é responder, dizer "Sim, eu o farei!". E então eu faço, simplesmente faço.

VJD: Não é tanto uma visão como uma resposta ao que a vida proporciona?

JH: Não, não é uma visão, absolutamente! Quero dizer, nunca quis criar a Ojai Foundation e nunca pensei em criar este centro zen. Não posso acreditar até hoje. Faço um retrospecto e acho inacreditável. Não planejei fazer isso. E uma parte de mim hoje sente um pouco de sobrecarga com tudo isso, todas as responsabilidades que este lugar implica.

Joan Halifax: Abraçando o desconhecido

Ojai foi uma instituição erguida a partir do solo. Vivíamos em tendas, cozinhamos em fogueiras por muito tempo. Fiquei lá dez anos, e a cada dia, participei exatamente daquele modo de construir, do solo para cima. O que tivesse para ser feito, eu fazia. Quer fosse ensinar um programa, cozinhar uma refeição ou cavar um fosso, o que fosse, eu simplesmente fazia. É isso o que um fundador faz. E depois de dez anos eu simplesmente precisava de mais rotina e tive de sair. Agora estou no mesmo ponto com essa instituição. Então, aqui estou como a fundadora, aos 60 anos, e é hora de largá-la. Tenho que soltar. Espero ficar aqui como professora, fazendo o que posso para os outros.

Estou numa idade em que meu compromisso é com a prática e com o serviço, e quero treinar sucessores tanto para o Upaya como para o trabalho com os moribundos. Envelhecer é muito importante aqui porque o entusiasmo para soltar as coisas aumenta. Não tenho o tipo de ambição e energia de antigamente. Quero realmente usar os recursos que agora eu possuo, da melhor maneira possível. E parece claro que a melhor maneira é não ser responsável por tudo isso. [Ela abre os braços e gesticula em direção às janelas onde podemos ver Upaya se espalhando pela encosta acima.]

VJD: Qual é sua expectativa para os próximos dez anos, admitindo que a transição que você descreve seja concluída?

JH: Eu não trabalho desse jeito! Tenho uma vaga idéia a respeito do que devo fazer agora — que é fazer menos. Recuar um pouco. E, então, tenho que ver que circunstâncias advêm, o que uma dada situação requer. Pode ser uma desvantagem, mas é desse jeito que sou, assim sou eu. Creio que um homem faria um plano estratégico, mas não sou estrategista, de modo algum. Vivo muito mais no contexto, em contato com a situação, tentando responder ao que a vida traz. Não fazer com que tome o formato que desejo.

VJD: E com relação à visão de sua morte?

JH: Não posso pensar dessa maneira! Não posso viver desse modo! Não sei como será minha morte. Tenho visto muitas pessoas morrerem. Tenho segurado tantas pessoas enquanto se soltam e as segurado enquanto lutavam, se debatiam e tentavam permanecer. Espero que seja uma boa morte, uma passagem suave, mas não posso saber disso agora.

Aprendo com cada morte. Issan Dorsey foi um mestre para mim. Tínhamos bastante intimidade em nosso trabalho. Ele era um grande companheiro budista, cheio de sabedoria, e não ficava emparedado com o conhecimento. Fui visitá-lo no hospital. Ele estava tão magro, quase transparente. Comecei a chorar. Ele disse: "Por favor, não chore; não é necessário." Eu tinha ido visitá-lo na condição de amiga, de cuidadora, mas Issan era o *bodhisattva*. Sua compaixão e seu amor nos uniam. E, de repente, uma frase do poeta Rainer Maria Rilke estava comigo: "Amor e morte são os maiores presentes que recebemos. Geralmente são passados adiante fechados."

A vida me deu tantos presentes, tantas pessoas como Issan que vivem a afinidade incondicional. A morte será meu ensinamento derradeiro, isso é tudo o que posso saber.

VJD: Fale-me mais sobre sua atividade como professora.

JH: Passo o máximo de tempo que posso sozinha. Isso parece inconcebível para os que apenas me vêem como professora, porque sou muito presente e cheia de energia, mas sou extremamente introvertida. Então, vivo com esse paradoxo peculiar: o de ser uma professora trabalhando intensamente com os outros e ainda assim passando o máximo do tempo possível sozinha. Quando estou com outras pessoas, estou completamente presente para o externo, engajada em tudo o que há.

Vivo imersa em minha vida, sempre, profundamente. Mas não acho que teria ficado tão envolvida com a meditação se fosse extrover-

Joan Halifax: Abraçando o desconhecido

tida. Se eu fosse ter uma vida social — bem, quero dizer, não socializo. Ou tenho o mínimo que puder. A meditação me fortalece, me nutre plenamente. E passo horas por dia meditando.

VJD: Tenho a impressão de que muitas pessoas chegam a um foco espiritual à medida que circunstâncias as direcionam para lá e a dor as motiva. Mas parece que, no seu caso, é como se sua entrada no budismo se adequasse à pessoa que você sempre foi, certo?

JH: Certo. Quando li D. T. Suzuki pela primeira vez, disse: "Oh, sou uma dessas!" Não foi sempre tão fácil depois, mas senti que tinha encontrado minha estrela polar. Eu tenho pesquisado muitas religiões e tradições, tanto intelectual como experimentalmente, e sinto-me bastante confortável em ser qualquer coisa em qualquer tradição, me abrindo e entrando na experiência, mas minha estrela polar é o budismo. Tem sido o pólo, o centro. E estou contente de ser enriquecida por todas essas outras perspectivas.

VJD: Parece que a capacidade de integrar todas essas tradições vem de dentro de você, não de uma convicção intelectual de reuni-las...

JH: Exatamente! Você achou que havia um plano? [Ela ri por entre os dentes.] Não, foi muito mais apenas a vida se desdobrando. Eu não tinha a menor idéia de que acabaria numa situação dessas aos 60, e realmente não tenho noção alguma de como será minha vida daqui a dez anos. Mas sei que estou insatisfeita com certas coisas hoje que precisam de atenção. Ao chegar aos 60, percebendo a chegada do envelhecimento, tenho que regular o passo desta vida que tenho. Vivo com bastante disciplina e me responsabilizo quando me vejo cansada, simplesmente sem ânimo por anos em certa época. Então sei que algo deve ser mudado.

VJD: Minha experiência no trabalho com as pessoas, especialmente em torno das questões de envelhecimento e morte, me ensinou que o medo assume o controle ali onde elas querem *a resposta*, em vez de entrarem na escuridão. Espero que você ensine mais a respeito desse ponto.

JH: Vivemos numa época muito favorável. Uma grande quantidade de forças diferentes está em jogo. Forças de vulto. Transição e mudança estão acontecendo em nossas vidas e culturas. Há uma insatisfação com os caminhos tradicionais, com as velhas formas institucionais, e há uma abertura para encontrar novas abordagens. Ou, ainda, para integrar caminhos do passado com o que trilhamos agora para poder enfrentar esses tempos desafiadores.

Isso torna a mudança no cuidado com o moribundo, no drama todo da morte e do morrer, especialmente aberta, mais do que tem sido até mesmo aqui no Ocidente. A alienação na instituição médica atual está impulsionando nesse sentido. Com a medicina ficando tão mecanizada, as instituições médicas sendo tão movidas a finanças e profissionais do sistema de saúde se vendo em situações em que suas aspirações não podem ser realizadas, com tudo isso acontecendo ao mesmo tempo, há uma tremenda ruptura na enfermagem e na medicina em geral hoje em dia. Então, a mudança tem que vir, as forças requerem-na.

O trabalho com o moribundo começou nos anos 1960. Nessa ocasião, começamos a desafiar o sistema. Quarenta anos depois, há uma relação mais madura quanto a cuidarmos do moribundo; não é o trabalho pioneiro que foi naquela ocasião. Temos uma compreensão maior da consciência e temos o asilo como um veículo para o cuidar compassivo.

O asilo está agora institucionalizado, até certo ponto, e compreendemos melhor a consciência. E a disciplina do cuidado paliativo tem se estabelecido bem — e assim desejamos! Temos visto muitas mortes difíceis e aprendemos com elas. Então, o cuidado paliativo agora é uma abordagem de equipe, baseada numa visão de compaixão:

Joan Halifax: Abraçando o desconhecido

aliviar o sofrimento, não curar. E acho que as pessoas que se ocupam da prática espiritual têm feito isso há algum tempo. Elas têm dez, 20 até 30 ou 40 anos de estrada. Apresentam uma relação mais madura com a prática e trazem isso para o campo inteiro: o cuidado do moribundo e o processo da mudança devem acontecer agora. Então penso que a escolha do momento é realmente excelente para o cuidado compassivo do moribundo e uma compreensão crescente da importância do preparo para a morte.

O momento atual é melhor do que qualquer outro período, pelo menos nas décadas em que estou envolvida com esse trabalho. Não houve época mais favorável para mudança. Atualmente, os profissionais da saúde, treinados do modo tradicional — médicos e enfermeiras, assim como assistentes sociais e equipe do asilo —, estão buscando insuflar novamente um sentido a esse trabalho e às suas próprias vidas. Pessoas moribundas estão entrando em contato, pedindo que a dimensão espiritual seja oferecida como parte do cuidado, e não ter simples e unicamente a médica.

Esse processo está acontecendo há décadas, acho. É um amadurecimento lento, mas, agora, uma maravilhosa transformação. Os tipos de pessoas com quem trabalho são, geralmente, muito convencionais. A maioria não é praticante budista ou está interessada no budismo; está simplesmente se esforçando para alcançar o sagrado. Recebo telefonemas do mundo inteiro, de pessoas pedindo ajuda e orientação a esse respeito. Gasto um tenpo considerável nessa tarefa. E sei que Ram Dass tem sido requisitado igualmente e está respondendo da mesma maneira. Mesmo que não possamos estar de fato presentes, estamos contudo assistindo as pessoas que perceberam a dimensão espiritual da vida e da morte. Isso é de máxima importância. Vida após vida, morte após morte, o modo como vivemos e morremos está sendo transformado. As raízes profundas cresceram. Este é realmente um tempo de tremenda mudança que vem sendo construído há décadas para abraçar espiritualmente o viver e o morrer.

VJD: E você vê isso possibilitar ao Ocidente e ao Oriente que encontrem compreensão e paz? Tendo vivido no Oriente Médio e ainda tendo família lá, dificilmente consigo ouvir o noticiário e ver aquele sofrimento.

JH: Quando a luz é realmente brilhante, a sombra é de fato profunda. E, hoje, a sombra é muito, muito profunda. E, no entanto, há pessoas extraordinárias no mundo trabalhando a favor da mudança. Vejo tantos jovens extraordinários que entendem o passado e estão progredindo. Como Britt Olson, um jovem físico que vai liderar na prática da medicina unida à profundidade espiritual.

Há tantos jovens que são simplesmente inspiradores, inteligentes e comprometidos. E eles farão essa transformação, sei disso. Mais do que em qualquer outra época de nossa história, acho que a possibilidade de haver paz e um mundo de cuidado compassivo é atual. Estamos saindo de uma florescência, de uma largada, para algo que está se tornando substancial, quer seja o impacto surpreendente da série em quatro partes que Bill Moyers produziu para a PSB, em setembro de 2000, *A Death of One's Own*, o cuidado paliativo ou o número de instituições engajadas em métodos complementares ou da medicina alternativa, utilizando o trabalho que desenvolveu nos últimos 30 anos sobre a morte e o morrer. Tudo simplesmente faz parte do currículo agora. Não é mais uma coisa rara!

Não há tantas pessoas que têm uma vida inteira de experiência nessa área. Ram Dass é uma dessas, Frank Ostaseski é outra. E há poucas mais. Mas há jovens que, de fato, compreenderam tanto quanto nós em menos de uma década. Então nós, pioneiros, podemos devolver e olhar para os jovens que estão vindo, aqueles que têm realmente um excelente treinamento espiritual, uma formação em medicina ou em enfermagem, além de empenho, que estão atualmente em instituições, e isso está acontecendo.

VJD: Para concluir você gostaria de deixar para as pessoas algumas idéias?

JH: Sinto verdadeira confiança com relação ao progresso da vida humana em todo o mundo, e as mudanças que acontecem atualmente. Minha própria vida não tem sido nada além de obstáculos e, no entanto, vejo os obstáculos exatamente como oportunidades. A vida espiritual é o que é. Desde que os seres humanos começaram a fazer aquelas estranhas marcas nas cavernas até hoje, a ansiedade não mudou. Os embates espirituais permanecem. Nossa habilidade em reconhecer isso está de fato crescendo. As idéias budistas estão agora sendo vistas em harmonia com as da ciência. Então há mais conexão, mais consistência entre esses dois mundos que as pessoas viam como separados. O que me dá esperança é a compreensão de que toda a vida está interconectada. Vida e morte entrelaçadas, isso me faz ter esperanças por todos nós enquanto vivemos, morremos, sempre nos movendo para o desconhecido.

Thich Nhat Hanh
A cada respiração, continuamos para sempre

"O budismo não deve ser só teoria. Deve vir da experiência real e deve atuar no sentido de aliviar o sofrimento."

"Meu corpo não era só meu, mas uma extensa continuação de minha mãe e de meu pai, de meus avós e ancestrais. Juntos, estávamos deixando pegadas no solo úmido."

THICH NHAT HANH vive numa colina, bem distante, nas regiões cobertas de parreiras e girassóis de Dordogne, sudoeste da França, num local chamado Plum Village, um centro de retiro vietnamita zen-budista que fundou em 1982. Thây, como os alunos o chamam, estava ensinando no retiro anual de verão quando cheguei para conversarmos, em meados de julho de 2003. Uma tradição há mais de duas décadas, esse retiro intensivo, que dura o mês todo, oferece a oportunidade de se estudar e viver o budismo e atrai participantes de todas as partes do mundo e de todas as idades, de crianças a idosos.

Thich Nhat Hanh fundou o Plum Village depois de criar centros de estudo no Ocidente e no Oriente. Ele nasceu na região central do Vietnã em 1926. Dezesseis anos depois, recebeu os votos de monge.

Ao longo das duas décadas seguintes, fundou a primeira faculdade budista em seu país, publicou vários livros sobre budismo e outros de poesia, ajudou a iniciar a Van Hanh Buddhist University, em Saigon, e articulou os princípios do budismo engajado enquanto seu país se contorcia em meio à longa guerra que submergiu o Norte e o Sul.

Ele veio pela primeira vez aos Estados Unidos em 1961. Estudou religião e ensinou budismo na Columbia University. Três anos depois, retornou a seu país, mas foi rotulado de traidor por todos os lados no sangrento conflito. Em 1966, foi enviado para o exílio na França e, mais tarde, fundou uma comunidade budista perto de Paris, chamada Sweet Potatoes. Embora tivesse solicitado ao governo vietnamita permissão para retornar diversas vezes desde o estabelecimento da paz em 1973, não a conseguiu. Seus esforços no sentido de promover a paz mundial ao longo dos últimos 50 anos têm sido incansáveis, e foi indicado para o Prêmio Nobel da Paz pelo Dr. Martin Luther King Jr. Escreveu mais de 20 livros, incluindo os best sellers *Caminhos para a paz interior* (1987), *Ensinamentos sobre o amor* (1998), *Vivendo Buda, vivendo Cristo* (1995) e *Aprendendo a lidar com a raiva* (2001).

Vivendo em Plum Village por uma semana, todos esperávamos o sol se pôr e o termômetro cair. Thay, porém, parecia intocado pelo calor, pelas miríades de atividades desde a manhã até a noite e pelas pressões de ter que falar para centenas que se juntavam ali para ouvi-lo a cada dia. Seu rosto resplandecia todas as manhãs, cada vez que entrava no salão. Ele manteve a mesma atitude durante essa longa conversa na tarde de verão ensolarada.

Victoria Jean Dimidjian: Você contou ontem uma história sobre o Buda no final de sua vida que ficou entranhada em mim. Seus seguidores disseram não a uma pessoa que viera vê-lo, dizendo que o Buda estava morrendo e deveria ser deixado em paz. O Buda, porém, interveio, recebendo a pessoa e ensinando-a até seu último suspiro. Essa história me parece muito apropriada para a sua vida de monge budista, mestre e líder espiritual de tantas pessoas. Como isso tudo começou?

Thich Nhat Hanh: Nascemos para continuar. Para nós, no Vietnã, não havia algo como sair em busca do budismo porque o budismo estava dentro de nós. Sempre. Nossos ancestrais sempre praticaram o budismo, e nascemos para continuar essa prática. De fato, não há o buscar, encontrar, nada a fazer. Apenas uma continuação.

VJD: Isso é verdadeiro para nós que vivemos no Ocidente também?

TNH: Sim, você não tem que ir para o Oriente, não tem que ir para o Ocidente. Você apenas continua!

Mas as circunstâncias e o ambiente podem ajudar a alcançar algo. No Vietnã, gerações sucessivas têm praticado o budismo, e isso põe em relevo o senso de continuidade vigorosamente. De tempos em tempos, porém, há um tipo de encontro que também pode fazer ressaltar isso com muita intensidade. Para mim, foi a guerra no Vietnã.

Aprendi, recentemente, que na Califórnia há certos tipos de pinheiro que necessitam de calor para se reproduzir. As sementes se soltam apenas por meio de intenso calor e, então, explodem. Com a guerra, acontece algo semelhante. Talvez, uma semente que tem sido transmitida por nossos ancestrais requeira um tipo de calor muito intenso para rebentar, brotar e se tornar uma nova árvore. É por isso que disse hoje de manhã que algumas vezes o sofrimento ajuda a criar as condições para a mudança.

É como um pedaço de ferro que precisa ser bastante aquecido para se transformar numa espada. O sofrimento exerce um papel importante no sentido de auxiliar o sagrado a renascer, a se manifestar. É por isso que falamos de budismo engajado. É o tipo de budismo que pode realmente oferecer respostas a situações difíceis.

Uma jornada rumo ao Oriente

Nasci num país onde colonialismo, injustiça social, opressão política, pobreza e guerra aconteciam ao mesmo tempo! Então, sendo jovem, eu estava ansioso para encontrar uma saída. E, aprendendo com a história, sabe-se que seus ancestrais, antigamente, foram capazes de livrar o país de situações difíceis por meio de suas práticas budistas.

Enquanto jovem, adquiri enorme confiança ao sondar profundamente e encontrar um tipo de budismo que me ajudou e me convenceu de que havia uma saída daquela condição. Pude conservar essa convicção, esse profundo desejo que me manteve vivo. Não fora assim, eu teria sido atacado ou me rendido a outros tipos de tentações. Tentações não em termos de abundância ou fama, mulheres bonitas ou poder, mas tentações como o comunismo. O comunismo era muito tentador porque eu via que muitos comunistas realmente sacrificavam suas vidas na esperança de construir um sistema social melhor. Eles estavam prontos para morrer por uma visão de libertação.

Ao mesmo tempo, vi que muitos budistas praticavam de um modo que era muito separado do sofrimento da sociedade a sua volta. Isso é uma coisa semelhante ao tipo de crítica que ouço no Ocidente a respeito do cristianismo atualmente. A Igreja nem sempre responde à altura do sofrimento a sua volta. Não está suprindo a geração mais nova com meios adequados de prática. A Igreja está vivendo num vácuo.

VJD: O ideal deles não é vivido no mundo real?

TNH: Eles não têm práticas para atuar em prol de justiça social, da eqüidade e coisas assim. E o mesmo se deu comigo, em minha juventude, quando observei o tipo de budismo a minha volta. Pensei que aquele tipo de budismo não podia fazer nada para ajudar, mas, se eu cavasse mais fundo, descobriria algo.

Esse tipo de intenção e essa convicção me ajudaram a continuar. Levaram-me mais fundo e me ajudaram a não retroceder em presença de alguma entre as várias tentações que existiam na época. E é por isso que inventei o chamado *budismo engajado*. Nasceu da nossa convicção de que budismo não deve ser só teoria. Deve vir da experiência real e deve atuar no sentido de aliviar o sofrimento.

VJD: A irmã Chân Không falou ontem a respeito do trabalho no campo durante anos e sobre como o alívio do sofrimento e a facilitação da mudança devem fluir juntos.

TNH: Sim, fazendo um trabalho como aquele, o trabalho que definiu o budismo engajado. Não estávamos satisfeitos apenas em falar sobre o budismo ou pregar seus preceitos. Deve ser uma experiência real, o trabalho deve estar conectado com o ensinamento. Praticamos o budismo engajado de um lado a outro do país. Fomos aos cortiços, fomos ao campo, fomos para o seio da guerra. Salvamos crianças feridas, enterramos cadáveres, levamos comida, remédio, abrigo. E morremos! Muitos de nós morreram naquela época, centenas serviram e morreram. E realmente criamos o budismo engajado com nossas vidas, não apenas com nossas idéias.

No Ocidente, atualmente, há também a idéia de budismo engajado como um instrumento de mudança social. E budistas em outros países no Oriente também têm tido as mesmas idéias e o mesmo desejo. No Sri Lanka, na Tailândia, em Burma — em todo o Oriente! Claro que é uma minoria que sustenta essa idéia, mas a esperança no budismo engajado como um instrumento de mudança social é muito forte e profunda.

E para mim... bem, em vez de ir para o Oriente, fui para o Ocidente. E o encontro com o Ocidente me ajuda muito porque há um enorme sofrimento aqui. Bastante! Você verá na Ásia que, embora haja muitos países pobres, o povo não sofre tanto. Podem sofrer pela falta de comida, proteção ou justiça social, mas, mesmo quando são muito pobres, podem rir e desfrutar bastante da vida.

Mas aqui no Ocidente, especialmente na América, o sofrimento é tremendo, particularmente o sofrimento psíquico. Há também muito sofrimento nas famílias desunidas, com o alcoolismo, doenças mentais

Uma jornada rumo ao Oriente

— é muito, ah, uma enormidade! E quando você encontra esse tipo de sofrimento não pode oferecer o tipo de budismo que não se ocupe com situações desse gênero. Não pode envolver pessoas na prática de um tipo de budismo que apenas as ajude a esquecer a situação real ou a se distanciar dela temporariamente.

VJD: Então a espiritualidade nada tem a ver com fugir da realidade?

TNH: Exato, não pode ser simplesmente escapismo. É claro que o escapismo pode ajudar, de tempos em tempos, mas apenas num sentido menor e apenas para pessoas que podem abraçar tal forma de escape. A maioria das pessoas não pode escapar, pois devem continuar a lutar. É por isso que o tipo de budismo que oferecemos em Plum Village nos auxilia a recuperar o vigor e a encarar a realidade em sua totalidade. E aprender a encará-la não só como indivíduos isolados, mas como uma *Sangha*, uma comunidade. [*Sangha* é uma comunidade de prática, um grupo que pratica, junto, o budismo.] Encarar o sofrimento plenamente, sim, e encará-lo como um componente de uma *Sangha*. Como uma *Sangha* somos, cada um, mais fortes. É por isso que fazemos um enorme esforço na formação da *Sangha*, tornando-a uma instituição para ajudar o sofrimento individual.

Vir para o Ocidente, portanto, tem sido muito proveitoso. E se nós, do Oriente, conseguimos, em certa medida, ajudar nossos irmãos e irmãs ocidentais a aprenderem, também temos inspirado pessoas na Ásia. Quando vamos à China, à Coréia, ao Japão e a outras partes da Ásia, todos se mostram bem interessados no que temos para dizer por que tivemos êxito, até certo ponto, ao oferecer e compartilhar a prática do budismo no Ocidente. Elas dizem: "Oh, se os *ocidentais* conseguem transformar seus sofrimentos graças à prática do budismo engajado, então nós também podemos fazê-lo!" Então elas adquirem mais confiança em suas próprias tradições.

É curioso, mas o que acontece na Europa e na América tem um efeito muito positivo na Ásia no que concerne ao aprendizado e à prática do budismo. Quando visitei o ministro de Assuntos Culturais na China, disse-lhe sobre o que fazíamos na Europa e na América. Ele ficou muito surpreso ao saber que muitos ocidentais estavam interessados no budismo e que até haviam sido ordenados monges e monjas. Estranhou o fato, porque achava que compreendia o budismo. Mas o tipo de budismo que conhecia não é como o que praticamos. Então pensou um pouco a respeito e me falou que voltaria e estudaria budismo novamente. Pensou que deve haver algo realmente bom no budismo para que ocidentais se interessassem tanto!

VJD: Então budismo é uma jornada rumo ao Oriente e ao Ocidente ao mesmo tempo!

TNH: Parece-me que seguir rumo ao Ocidente é ao mesmo tempo dirigir-se para o Oriente. Quando se seguir para o Ocidente, também se está indo para o Oriente, e ir para o Oriente é também ir para o Ocidente, ambos ao mesmo tempo. Para mim, essa é a melhor coisa — muito curiosa, mas verdadeira!

VJD: Hoje de manhã você falou a respeito do grande sofrimento que vê aqui na França, os adolescentes cometendo suicídio, o aumento da violência e uma série de problemas. E tenho a impressão de que muito disso tudo tem a ver com nosso tremendo medo da morte. Como você vivencia envelhecer no Ocidente?

TNH: Acho que estou ficando cada vez mais jovem em vez de ficar cada vez mais velho. Se você olhar para mim, verá isso! Sinto-me mais jovem a cada dia. Realmente. Não sinto que a desintegração deste corpo signifique meu fim, porque posso me ver fervilhante em formas muito jovens ao meu redor, vivendo um pouquinho em toda parte. Eu vesti meu ser em tantas pessoas que são hoje a continuação do que sou, assim como sou a continuação daqueles que me antecederam. Portanto, tenho confiança em mim e, no entanto, não considero que este corpo seja minha pessoa. A desintegração deste corpo não me afeta.

Eu realmente pratico o não-ser. Este é o coração da minha prática. Se você olhar bem fundo, vê a si próprio em seu filho, em sua filha, em seus discípulos e em seus amigos. Eles podem dar continuidade a sua pessoa muito bem. Então, por que pensar sobre o nosso fim? Todo esforço de nossa vida diária é no sentido de investir nas gerações mais jovens.

Buda fez o mesmo. Ele continuou ensinando por 45 anos depois da iluminação e transmitiu a si mesmo para gerações de discípulos por todos esses anos. E sua morte no momento que ocorreu não o tocou. Se você olhar com liberdade, ainda pode reconhecê-lo à nossa volta, em diferentes formas. Então, o Buda nunca morre. O Buda está ficando cada vez mais jovem, o tempo todo. Somos, cada qual, a continuação do Buda. Por que, então, não fazemos isso também?

Os budistas falam sobre o não-ser e o não-nascimento, a não-morte. Mas não praticamos isso de fato no dia-a-dia. A meditação é praticar isso para ver sua verdadeira natureza, conhecer o não-nascimento, a não-morte, saber que em cada momento há o não-vir e o não-ir. Esta é a essência do ensinamento e da prática budista.

Se você não for capaz de tocar sua natureza de não-nascimento, não-morte, não obteve o êxito completo em sua prática budista. Se pratica o budismo para obter certo alívio de seu sofrimento, sim, está bem. Mas, em seguida, deve ir mais longe. O maior alívio que se pode obter com a prática budista é ir além da noção de nascimento e morte, superar nascimento e morte, superar as noções de começo e fim, de ainda pensar que vai morrer, que sua vida dura apenas 80 ou 100 anos. Se tais idéias vigoram, não aprendeu budismo plenamente.

Nossas vidas são como ondas no oceano. A onda pode ficar amedrontada se concebe a si como algo que tem um início e um fim, que sobe e desce. Mas se a onda reconhece que é água — não apenas onda, mas também água —, naquele momento que se reconhece como água não resta qualquer medo. Sendo água, não mais teme o movimento do voltar, de imergir no todo. Não há início, nem fim; para a água, não há o em cima e o embaixo.

Assim, nada senão esse conhecimento é, para mim, um sucesso. Até que chegue a esse ponto, não considero que um praticante budista tenha logrado êxito. Você pode construir algo, pode produzir alguma coisa, certo. Talvez até mesmo fique famoso. Mas não se sentirá realmente em paz, não terá sucesso verdadeiramente, a não ser que realize o não-nascimento e a não-morte.

É por isso que não preciso morrer para renascer. Você vê que tenho renascido em muitas e muitas formas. E posso me ver fora de mim mesmo. Este é o ensinamento do budismo: ver seu corpo fora de seu corpo, ir além das formas. E é nesse momento que vê realmente seu verdadeiro corpo, não apenas o formato que assume para viver, para ser.

VJD: Sim, isso tem muito sentido para mim.

TNH: Acho que o sofrimento no Ocidente, assim como no Oriente, consiste no fato de se procurar a felicidade na direção da riqueza, do poder, da fama e do sexo. E, se houver tempo de olhar em torno, as pessoas verão que muita gente tem muito disso — muito poder, muita riqueza, sexo e fama —, embora ainda sofra profundamente. Elas até mesmo cometem suicídio.

Mas há felicidade aqui também. Encontrei várias pessoas que vivenciaram uma felicidade verdadeira, profunda e duradoura. Isso não resulta de poder, dinheiro, sexo ou fama. Você pode ter muito dinheiro, mas pode estar interiormente vazio. Se você tiver compreensão e amor dentro de si, pode ser feliz. Mesmo que viva com muita simplicidade, em termos de moradia, alimentação e proteção. Se você tiver bastante compreensão e amor dentro de si e der o mesmo a outrem, então é uma pessoa feliz.

Portanto, a saída do sofrimento é, para nós, acordar, procurar a felicidade na direção da compreensão e do amor. Há caminhos espirituais para se fazer isso. E é por isso que tenho dito e repetido sempre que este novo século há de ser espiritual — deve ser espiritual —, ou não haverá século algum. Alguns políticos estão levando uma dimensão espiritual para o seio de suas vidas, não uma rigidez relativa à religião, mas uma espiritualidade. Todos os líderes políticos e empresariais devem levar uma dimensão espiritual para o cerne de suas vidas, senão destruirão as suas e as nossas vidas. Destruirão todos nós e o mundo igualmente.

Sem uma vida espiritual, essas pessoas sofrem tremendamente. Ao cultivarem uma vida espiritual, sofrerão menos e servirão melhor. Este é realmente o sonho do budismo engajado. Não é só conversa, trata-se de como realmente vivemos nossa vida, a cada dia, em cada momento.

Isso é muito importante quando se trabalha com os moribundos. Se uma pessoa viveu essa prática, ela pode inspirar muita paz e ausência de medo ao moribundo. Porque o não-medo pode ser transferido. Quando estamos vivendo o não-medo, há muitas coisas que podemos transferir para uma pessoa que está doente ou morrendo. Se você já percebeu que não há fim da vida, que a vida continua sempre, então pode mostrar isso para o moribundo. Você vive isso e sua vida serve de testemunha para o agonizante. E ele morrerá sorrindo, morrerá sem medo, sorrindo com aceitação em seu último suspiro.

VJD: Seu livro *No Death, No Fear* ensinou-me muito a respeito do morrer. Antes de começar o projeto deste livro, passei semanas escrevendo sobre a morte e a perda em minha própria vida, particularmente sobre o longo sofrimento de minha mãe e minha vida após sua morte. Em seu livro, você descreve a morte de sua própria mãe e como se passou um ano antes que a dor cessasse.

TNH: Sim. Eu sentia sua presença enquanto caminhava pela colina atrás de um templo. A cada instante em que meu pé tocava o chão, eu sentia sua presença. E sabia que meu corpo não era só meu, mas uma extensa continuação de minha mãe e de meu pai, de meus avós e ancestrais. Juntos, estávamos deixando pegadas no solo úmido.

VJD: Algumas palavras finais que gostaria de compartilhar?

TNH: Apenas isso: nascemos para continuar. Plenamente atentos em cada passo, plenamente atentos em cada respiração, continuamos para sempre.

Michael Eigen
Fortalecendo nossos músculos emocionais

"É parte do paradoxo do viver o fato de que manter a visão distanciada em mente nos permite ficar no aqui e agora."

MICHAEL EIGEN é psicólogo e psicanalista e trabalha em Manhattan. Ele ensina no Programa de Pós-Doutorado em Psicoterapia e Psicanálise na Universidade de Nova York e é membro sênior da National Psychological Association for Psychoanalysis. Escreveu muitos livros que reúnem tradições intelectuais distintas de modo dinâmico e singular, como *Psychic Deadness* (1996), *The Psychoanalytic Mystic* (1998), *Ecstasy* (2001) e *Rage* (2002). Ele se define como um "místico psicológico judeu budista". Direciona seu foco para as mudanças e transformações que ocorrem quando indivíduos estão diante da dor, da crise e da morte.

Numa clara manhã de sábado, no final de novembro de 2003, me encontro na movimentada rua Brooklyn, onde Michael Eigen mora com a esposa e dois filhos. Ele me recebeu calorosamente, servindo-me chá. Sentamo-nos em volta da ampla mesa de madeira da cozinha, em meio a seus livros e papéis. Seu sorriso é terno, e seus olhos brilham enquanto ele fala com um entusiasmo contagiante.

Victoria Jean Dimidjian: Uma coisa que se destaca em seu trabalho é como você entrelaçou a espiritualidade com a psicologia, especificamente no que se refere ao envelhecer e ao morrer. Houve algo em sua criação que influenciou esse trabalho?

Michael Eigen: Eu cresci em Passaic, Nova Jérsei, mas podia ver a cidade, no lado oposto da baía, vagamente, somente o horizonte. Quando criança, disse a mim mesmo: "Quando eu crescer, vou para lá." E logo matei aula e fui para a cidade ver os cantores e as bandas. Vi todo tipo de cantor e banda. As grandes bandas ainda tocavam nos teatros. Vi Charlie Parker, Miles [Davis] e Bud Powell em Birdland. Depois da faculdade e de vários frustrados começos, finalmente consegui me mudar para Nova York permanentemente.

VJD: Você escreveu que foi nessa ocasião que descobriu o budismo. O que abriu essa porta?

ME: Eu me voltei para o budismo no último ano da faculdade na Universidade da Pensilvânia, em 1957. Havia um poeta — que não é mais um poeta, na verdade; a última vez que o encontrei ele era um investidor do mercado de ações —, Bob Williamson, que me recomendou o livro *Mística: cristã e budista*, de D. T. Suzuki,* e eu o adorei.

Assim foi meu contato inicial com o budismo. Infelizmente, teve uma repercussão tremenda sobre mim, porque parei de assistir às aulas e ficava sentado na relva. Mas era muito tarde para deixar de me graduar! Quando eu estava no segundo ou primeiro ano, meu colega de quarto me disse o que seu terapeuta lhe havia falado sobre seus

---

* D.T. Suzuki, *Mística: cristã e budista* (Belo Horizonte: Itatiaia, 1976).

sonhos. O terapeuta, Henry Elkin, fizera treinamento em Zurique, um jungiano. E, quando ouvi as interpretações dos sonhos, os sinos tocaram. Foi como me apaixonar, e continuo apaixonado por sonhos desde então. Quando me graduei, procurei Henry e comecei a fazer terapia com ele três a cinco dias por semana.

VJD: Muitos de nós que viveram os anos 1960 tentaram fundir a sabedoria do Oriente com a psicologia ocidental. Você combinou mais aspectos distintos do que quase todos.

ME: Bem, eu tento! Mas eles estão bastante complicados! Comecei meu contato com as idéias orientais na época da faculdade. Vi Suzuki Roshi na Filadélfia, por volta de 1956-57. Há circunstâncias em que um breve contato com alguém pode ter um grande impacto, e esse foi um desses. Quando lhe perguntaram sobre passividade, ele respondeu: "Passividade, o que tem de errado com a passividade?" E continuou a dizer boas coisas sobre os prazeres passivos que desfruta.

Uma vez começado, meu contato com as "idéias" orientais nunca terminou. Eu usaria antes a palavra "experiência" em vez de "idéia". Foi uma experiência para mim desde o início. Acerta em mim, bem no alvo, sempre.

Assim que despertei para a "face original", isso tem continuado por toda a minha vida. Realmente começou no final dos anos 1960. Conhecendo os poetas *beats* em Nova York, segui para o México e depois subi para São Francisco. Encontrei Allen Ginsberg, ouvi-o ler *Howl*, em 1958, creio. Recentemente, meu filho comprou seus poemas póstumos, alguns realmente fantásticos.

VJD: Então isso fez parte de seu crescimento, os *beats* e as influências orientais dos anos 1950?

ME: Ainda sou um analista *beat*! Tentei aprender o que pude, provando de tudo. Sentei-me para meditar com muitos professores. Meu compasso norteador era provavelmente o taoísmo, mas eu não conhecia nenhum taoísta; a maioria era hindu e budista.

Eu realmente não tento fazer qualquer coisa, a não ser ficar com o que está surgindo no momento. Apenas tento fazer contato com o que está ali, naquele instante. Nunca tentei integrar nada. Não sou um teórico.

VJD: Então a exploração de tradições espirituais tem sido um modo de ajudá-lo a estar mais no momento?

ME: Sim... ou a evoluir, a deixar que a coisa continue e se desenvolva, que não morra de modo algum.

VJD: E essa evolução é parte de sua família também?

ME: Sim, mas é uma tradição miscigenada. De parte de pai, sou a primeira geração americana. Ele veio de Viena após a Primeira Guerra Mundial. O pai da minha mãe veio pouco depois, da Polônia. Ela nasceu aqui, no lado leste inferior. Ela falou iídiche antes de falar inglês. E meu pai se recusou a aprender inglês nas escolas de Viena porque não queria ter sotaque. Assim, aprendeu quando chegou aqui, e não tinha sotaque.

Mas minha família, de ambos os lados, tinha elementos que haviam sido banhados numa tradição sagrada. Um rabino vinha à nossa casa, uma vez por ano, para receber doações. Havia algo nele que eu adorava, mas não entendia. Eu sempre ansiava por sua visita. Foi somente décadas mais tarde que compreendi que ele trazia consigo uma impressão do sagrado. Brilhava com um senso do sagrado. Hoje posso dizer como era a luz que brilhava sobre e em torno de sua face, sua luminescência, seu halo. Meu pai largava tudo quando ele chegava.

Meu pai, contudo, em minha infância inteira, viveu uma vida secular, principalmente dirigida para o sustento. Minha mãe manteve a dieta *kosher* até sua mãe morrer, quando eu tinha 4 ou 5 anos — ela o fazia, sobretudo, para que sua mãe pudesse vir e comer conosco, mas agora me questiono. Eu freqüentava o *shul* nos fins de semana e tentava levar meu pai, mas ele preferia dormir um pouco mais. Tempos depois ele rezava e cantava os *haftorahs* [um trecho dos profetas cantado após a leitura da Torá principal]. No outono que antecedeu sua morte, ele cantou o *haftorah* do Yom Kippur — a história de Jonas — no *shul* de imigrantes no centro de Passaic, aonde ele ia quando adolescente com seu pai, que perdeu uma perna num barco que virou. Era uma vida difícil, repleta de beleza. Ambos os pais enfatizavam a bondade, fazer o bem. Meu pai dizia: "Deus significa 'bom'."

Tive, cedo na vida, duas experiências espirituais. A primeira foi aos 2 anos, quando meu pai estava me levando ao hospital para operar o apêndice. Era tarde da noite e olhei para cima e vi as estrelas. Fiquei perplexo. Não podia acreditar que algo parecido existisse. Sem saber o que via, perguntei a meu pai, que tentou explicar dizendo que eram estrelas. Era leite vindo até mim? Que tipo de luz é essa? Elas estavam fora de mim, mas eram como um cristal tremulando dentro de mim. A luz de dentro ressoava a luz de fora e, talvez, o reverso seja igualmente verdadeiro. Todo trauma e depressão esvaneceram e fui elevado até as estrelas.

A segunda vez aconteceu quando eu ouvia um clarinetista. Havia um mendigo em Catskills conhecido como o cinto de *borsch* (sopa russa), que chegava tocando música iídiche. Aquilo fazia minha espinha vibrar e tudo se acendia. E eu disse: "Ih, eu quero fazer isso." Consegui uma clarineta em um ano, e toquei inúmeras vezes durante muitos anos. Quando meu professor de clarineta tocava uma música como recompensa depois da lição, eu ria sem parar.

A próxima semente de alegria superespantosa aconteceu quando eu tinha 16 ou 17 anos, beijando uma menina chamada "Laurel boa-noite". Foi o mesmo que as estrelas e a música na clarineta, mas com lábios suaves, corpo se fundindo, sentimento afetuoso. Pulei e dancei, gritei e voei até chegar em casa. Todavia, a consciência da luz como tal veio mais tarde. Veio, também, muita dor.

VJD: Como foi isso?

ME: Um dos momentos precoces se deu num ônibus, quando eu tinha 20 anos. Sentia muita dor, não conseguia respirar e desmaiei. Sofria com forte dor emocional, dobrado para dentro, inteiramente imerso na dor, cada vez mais absorvido por ela, e então tive uma abertura inesperada para a luz. A dor se dissipou, absorvida pela luz. A luz era preciosa. Foi uma experiência difícil, mas uma das coisas fantásticas da minha existência. A dor era real, a luz era real. Com o tempo eu saberia mais a respeito do que se passava naquele momento, mas viver era mais importante.

VJD: Se, como você diz, não devemos adotar o método de um livro de culinária para a cura, como podemos aceitar plenamente a dificuldade, a dor?

ME: Não sei se aceitação é a palavra certa. É mais o ficar-com-a-coisa. Em nossa sociedade, temos uma hiperconsciência relativa aos corpos e excessiva ênfase em músculos físicos. Bem, agora corremos o perigo de perder nossos músculos emocionais. Tão logo uma criança é levada a uma consulta ao psiquiatra, em meia hora já está tomando medicação. As pessoas não têm chance de refletir sobre o que podem fazer. Não há tempo de interagir com o outro, de usar seus recursos internos.

Creio que pode haver uma crescente perda da capacidade de lidar, uma crescente falha em desenvolver e explorar recursos psíquicos e, especialmente, uma perda da habilidade de usar ou, até mesmo, de ter mais chance de usar seu lado emocional. Portanto, não diz respeito tanto à aceitação quanto ao uso, a apenas perseverar nas emoções, por mais dolorosas que sejam.

Nossa habilidade de perseverar nelas varia. Num momento você está com seu sensor emocional chegando até um ponto, aí o perde, depois ele retorna e você o usa um pouco mais. Você se gruda nele e, então, ele se vai novamente, quase num tipo de ritmo, para a frente e para trás. Estando ali, não estando ali, voltando mais uma vez. Colapsa, recupera, colapsa, recupera. Perder, achar, perder, achar. Talvez a compreensão e a aceitação façam parte do fermento de base, mas o mais importante é de alguma forma deixar que o ritmo conduza, encontrar esse ritmo, mesmo dar o salto inicial se necessário.

Não creio que os sentimentos sejam assimilados hoje em dia. Há pressões sociais massivas para rarear os sentimentos ou ejetá-los como mísseis. Os sentimentos estão sendo comercializados, politicamente arranjados e empacotados, transformados em dinheiro ou poder, lustrados. Vários meios eletrônicos e máquinas de produção de imagens aceleram e difundem os pacotes e programas resultantes, para que os sentimentos sejam usados para o lucro.

O que é necessário hoje, mais do que qualquer coisa, é um sistema digestivo emocional funcionando em escala mundial. Se isso pudesse ser desenvolvido, nossos sentimentos por nós mesmos e pelos outros poderiam se desenvolver também. Nossos sentimentos pela vida caminham juntos, um pelo outro, e pela vida inconsciente que pode sustentá-los.

VJD: Há algum tempo, você disse numa entrevista que, quando se trata de desigualdades sociais e econômicas do mundo, estava mais do lado budista. Ainda pensa assim?

ME: Não! Bem, sim e não! Sempre serei um budista num sentido bem profundo. O budismo ajuda a mediar a possibilidade de apenas estar lá com seus pensamentos e sentimentos sem se apegar a eles, deixando-os ir e vir, não os parando. Isso é para mim profundamente importante. Sempre será. Mas também estou interessado em segurá-los, olhar para eles, ver de que se compõem. Há textos budistas que entram em todos esses detalhes, separando o esqueleto da psique.

O budismo o torna mais forte. Ajuda-o a pensar sobre si mesmo: "Bem, é isso que estou pensando agora, mas isso poderia causar muito dano." Por que não esperar uns poucos segundos e ver como lhe parece? Veja quão diferente o eu se mostra em apenas poucos segundos. Desse ponto de vista, se Bush pudesse fazer isso, se Osama pudesse, se Saddam, se todo tipo de fanático pudesse fazer isso, que mudança!

VJD: Mas, e quanto à ira que essas pessoas e todos nós temos? Você recentemente escreveu um livro com esse título.

ME: Em *Rage*, meu foco está dirigido para os processos destrutivos que bloqueiam nossa evolução. A ira é excessivamente prevalente em nossas vidas. Não só a ira de estrada que Édipo exibiu ao assassinar o estranho em seu caminho, o estranho na encruzilhada. A fúria devasta vidas, destrói relacionamentos e corrói nosso próprio ser. Veja as repercussões dispersas por todo o globo!

Embora considere que o foco começa com cada um, sinto de fato, hoje, mais necessidade de falar com franqueza sobre isso, de dizer algo a respeito do que está acontecendo, seu impacto sobre mim e sobre as pessoas, nosso mundo, e a vida que compartilhamos. Ainda me dedico ao momento mutante, ao momento vivido, ao próximo e ao seguinte. Mas também estou mais envolvido com os apuros das pessoas no mundo todo e com nosso próprio apuro, em casa. Penso que é um pecado não falar com franqueza nesse ponto, já que seria algo como permanecer em silêncio na Alemanha dos anos 1930. Minha fé, minha esperança, é que estamos comprometidos com um processo de grupo mundial, no qual gradualmente nos corrigimos e complementamos uns aos outros. O tempo dirá se isso é desejo ou realidade.

Talvez todos devamos dizer que não sabemos o que fazer no futuro. Os líderes altamente intencionados em guerrear deveriam dizer: "Eu não sei o que devemos fazer no futuro!" Se continuarmos a dizer isso e se continuássemos tentando agir a partir do não saber, em vez do tudo saber, se fizéssemos isso, tudo seria muito diferente.

VJD: Sim, é assustador que o mundo veja nosso país, os Estados Unidos, como pensando que sabe o que fazer, e grande parte do mundo teme isso.

ME: Tanta *hubris* [arrogância, em grego]! Que onisciência perniciosa! Mas não somos os únicos culpados. Os palestinos não são inocentes nisso, não mais dos que os israelenses. Não há inocentes nisso. É uma co-responsabilidade humana.

VJD: Você tinha dito que sua obra da vida é trabalhar com indivíduos afligidos pela dor, abrir aquela dor, estar com eles na dor. O passo seguinte ao sofrimento seria, aparentemente, a passagem para a compaixão, mas, para a maioria das pessoas, o próximo passo parece ser a ira. Por que é assim?

ME: Talvez você vizualize todos nós humanos, atualmente, como seres mais evoluídos do que realmente somos. Talvez o que esteja em jogo agora seja evoluirmos a ponto de poder amortecer a dor com a compaixão. Mas essa capacidade tem que se desenvolver individual e coletivamente. Às vezes a dor tem um sentido. Ela indica que algo está deslocado, que o caminho de vida que se adotou está sendo prejudicial. Com freqüência, a violência ou a raiva é uma tentativa de fazer com que a dor da vida desapareça. A dor, porém, não some; ela piora.

Em nosso velho cérebro e sistema nervoso autônomo somos programados para eclipsar a dor com a ira. Pelo menos esse é um de nosso programas: reagir à dor ou à perda de controle com a raiva. A ira e o ultraje injuriam a dor, tentam afastar a dor, eclipsá-la ou destruí-la. Tentar extinguir a dor pode causar muito dano ao psiquismo. A ira não soluciona o problema da dor. Não mais do que o assassinato resolve a inimizade tribal. Mas continuamos realmente tentando assassinar a dor. É aí que entra a terapia.

VJD: No âmbito individual, ah, sim! Mas e quanto ao nível de espécie?

ME: Bem, sou um esperançoso inveterado! E realmente acho que grandes coisas estão surgindo. Já mostramos a nós mesmos que podemos destruir a vida. Temos várias maneiras de fazer isso. Alternativas destrutivas estão em toda parte. Somos espantosos para cometer assassinatos, mas não somos tão espantosos para as alternativas pacíficas, no ajudar, no aliviar a dor. Há muitas pessoas para as quais a ajuda não fornece vigor suficiente. Temos que descobrir modos de tornar a paz furiosa e suficientemente atraente, encontrar meios pacíficos que satisfatoriamente apóiem a intensidade e fazer com que a intensidade seja nutridora.

Uma jornada rumo ao Oriente

Há, porém, um número crescente de pessoas desejando ajudar, que conhecem sua própria dor e desejam atenuar o sofrimento. É uma corrida para as massas agora. Talvez haja ou haverá tantos ajudando como destruindo, talvez mais. É possível que os cuidadores atinjam uma massa crítica e virem a balança. É essencial mobilizar o instinto do zelo.

Infelizmente, os impulsos destruidores parecem ter assumido o controle dos meios de comunicação, da cultura popular. Tantos filmes, programas de televisão, substitutos da violência que tornam a violência fascinante, irreal. Ou real demais e, no entanto, horrivelmente atraente. Como se a curiosidade fosse unida antes à destruição do que ao sexo e aos aspectos reprodutivos da vida. Talvez haja um sentido em que as pessoas se sintam destruídas de um modo importante e enganoso, e descubram meios de olhar fixamente e reproduzir ou amplificar esse senso de destruição. Como se houvesse pouca coisa restante com a qual serem curiosos, exceto a morte, e mesmo isso se tornou tedioso. Mesmo quanto a isso podemos agir num âmbito pessoal, uma vez que, e acho que isso é algo que o budismo ensina, é possível enfrentar qualquer coisa. E, de certo modo, literalmente impossível como é, ainda é necessário encarar tudo.

VJD: Isso me leva a querer ouvir suas ponderações a respeito do tempo e do envelhecimento à medida que atravessa a faixa dos 60.

ME: Em breve, chegarei aos 70! Tenho 67 atualmente.

VJD: Você escreveu a respeito do envelhecimento e morte de membros da família e dos que lhe são próximos. Chegando hoje ao último estágio da vida, o que pensa sobre a impermanência?

ME: Este é um tópico muito complexo. Hoje trabalho com os moribundos e doentes enfrentando o final da vida. Eles são uma pequena parte da minha clínica, mas um número significativo. O tópico me é familiar. Escrevi apenas sobre um desses clientes até hoje [em *The*

Electrified Tightrope e em *Psychic Deadness*], a quem chamei de Smith. Ele estava morrendo de uma doença cardíaca e veio me ver para poder morrer melhor. Sentia que tinha vivido uma mentira. Em nosso trabalho, entrou em contato com o que ele chamava de mentira. Fazer isso lhe deu uma sensação de estar harmonizado consigo mesmo.

Escrevo atualmente sobre uma senhora que há três anos foi diagnosticada com uma doença fatal. Ela não esperava viver por tanto tempo, mas ainda estamos juntos. Na realidade, melhorou bastante e há mais de um ano está dispensada da transfusão. Recebia transfusão semanalmente e os médicos temiam que seu corpo parasse de reagir inesperadamente. É uma mulher de grande fé e talvez precisasse de um lugar onde sua fé encontrasse um solo rico.

À medida que envelheço, minha clínica tem envelhecido comigo. Tenho recebido muitos pacientes há bastante tempo. Alguns estão comigo há 30 anos! Não acho que seja bom apressar. Há muita ênfase na pressa hoje em dia. Algumas pessoas precisam de contato duradouro. São tantos os danos que necessitam de um vínculo de amparo que possa continuar por um tempo longo; algumas vezes, pelo resto da vida. Acho cruel negar esse tipo de contato se é disso que precisam. Uma variação menor, mas notável disso, acontece com crianças. A mãe que tira seu filho da terapia porque "ele está ficando muito dependente de você". Bem, sempre me perguntei: o que há de errado com isso? Você quer que ele seja dependente de drogas, medicação, de sua ausência, de sua presença controladora? O que há de errado em ser dependente de outro ser humano, desde que isso seja realmente necessário e útil?

Uma pessoa que se especializou em terapia breve veio recentemente me consultar. Quando ela ouviu, de outra pessoa, quanto tempo algumas pessoas trabalham comigo, disse: "Elas deviam processá-lo!" [Ele ri e meneia a cabeça.] Ela acredita em trazer as pessoas para dentro e para fora da porta. Não como eu.

VJD: E quanto às suas reflexões sobre a morte?

ME: Não tenho tanto medo da morte como deveria. Quando jovem, costumava ficar aterrorizado com a morte. Comecei a compreender, muito cedo, que morreria porque vi meu tio e outro homem levando minha avó para fora de sua casa quando ela morreu. Eu tinha menos de 5 anos. Quando tinha 21, meu irmão de 10 foi morto, atropelado por um caminhão, e isso foi devastador. Durante minha adolescência, tive um pavor intenso de morrer. Tive amigos que se suicidaram, abatidos com esse tipo de pavor. Eu não me deprimia por isso, pela certeza de minha morte, mas estava assustado, muito ansioso. Hiperansioso. Talvez, uma razão para eu atender pacientes por tanto tempo seja para desfazer a morte de meu irmão ou frustrar a morte e também tornar a vida melhor.

Ao chegar na casa dos 20 anos, eu não esperava que o medo passasse. Pensei: "Está bem, se é assim que as coisas são, viverei com isso." Mas não sumiu. E aquilo foi, de certo modo, milagroso. Desapareceu num instante. Foi quando eu acompanhava tia Bert, que estava à beira da morte. Fui visitá-la no hospital. Segurava sua mão e ela me dizia como estava amarga, como não esperava que aquilo acontecesse, como a pegou de surpresa. Eu estava apenas sentado, segurando sua mão, ouvindo. E olhei para ela e, de repente, algo aconteceu. Não pude sentir em que ponto a vida se foi e a morte teve início. Foi uma experiência, não um pensamento. Simplesmente aconteceu. De repente, senti que, de certa forma, não havia muita diferença. Não era um sentimento contra a morte, não era contra a vida, não era a favor de nenhum dos dois. Era só a sensação de que eu tinha, de algum modo, entrado num espaço intermediário, onde não havia fronteiras.

Freud observou, certa vez, que não ficaria surpreso se não houvesse um hiato tão grande entre a vida antes do nascimento e a vida após o nascimento como as pessoas estavam imaginando. Não havia uma lacuna tão grande entre a consciência antes do nascimento e a consciência após o nascimento como pensávamos. E isso foi o que senti naquele dia. E de repente o pavor sumiu. Analisei tudo isso de ponta a ponta. E essa experiência não era uma coisa analítica. Era apenas olhar para minha tia que estava morrendo, ouvi-la expressar seus medos, sua raiva, simplesmente ficar ali, segurando sua mão. E de uma hora para outra todos os meus medos se foram, bateram asas para outro reino.

E o medo da morte acalmou-se desde então! Aquilo de fato sugou o medo que havia em mim. Quero dizer, não estou ávido para morrer, mas não é algo que eu tema. Passei a sentir como meu pai, que a morte é parte do ciclo natural das coisas.

VJD: Muito se escreve hoje sobre a visão de uma boa morte. O que você acha desse conceito?

ME: Meu pai teve uma boa morte, minha mãe teve uma morte ruim. A morte de meu pai foi o que me fez voltar para o judaísmo quando adulto. Eu tinha um traço judeu, mas só me tornei um judeu realmente por causa da morte de meu pai. Costumava ir visitá-lo no hospital uma vez por semana. Levava diversas coisas para ele. E, um dia, fui lá e estavam presentes minha irmã e minha mãe. Portanto, estávamos todos lá. Em seguida, nosso rabino chegou. Ele estivera fora da cidade. E minha irmã tinha ficado com raiva dele por não ter feito, recentemente, uma visita. Mas naquele instante estava ali.

Ele cantou o *sh'ma*, uma parte do *adom olam*, deu as bênçãos clericais — num trecho, dizia basicamente: "Não tenha medo, entregue-se a Deus." É isso que eu tentava dizer antes, como diria a Deus: "Quem sou eu para dizer o que você fez? Por que colocar a morte no mundo? Eu não teria feito desse jeito. Teria tentado algo diferente! Mas você fez, está feito." Então, isso posto, fazemos o melhor que podemos. E muito resplendor emerge disso. Mas mesmo esse tipo de tradução e parafraseado não chega perto do momento real.

Antes que o rabino tivesse terminado, percebi que meu pai tinha falecido. Foi-se em paz. Ele havia esperado por aquilo. E não podia dizê-lo, pois estava em coma. Mas, quando as palavras foram pronunciadas, ele pôde ir. Estava gracioso. Sua aparência estava perfeita. Tinha o germe da santidade que valorizo tanto, que pude ver nos santos desde criança.

Então, o rabino foi embora, sem saber que meu pai tinha morrido enquanto ele estava cantando, e não lhe dissemos. Algo da experiência que tive com minha tia Bert veio nessa ocasião. Exceto enquanto meu pai morria, quase com absoluta precisão, as palavras vieram para mim de um modo autoritário, comovente: "O Senhor de Abraão, Isaac e Jacó vive." Foi uma experiência muito clara, surpreendente e completa, comovente, imperiosa e convidativa. Pouco tempo depois — para horror de minha esposa —, atravessei uma fase ortodoxa. Na noite do funeral de meu pai, comecei a freqüentar um *shul* e logo comecei a estudar com os filhos do *rebbe* cujo brilho santo me tocara na infância. Eles ainda estavam vivos, velhos senhores hoje, no Brooklyn, não muito longe de onde eu morava. Meu contato com o judaísmo místico se aprofundou. Minha fase ortodoxa agora acabou, graças a Deus, mas foi bela enquanto durou. Mas, realmente, foi demais para mim e para minha família. Minha vida não podia apoiá-la. O bom senso de minha esposa não deixou que nos enganássemos.

VJD: E você se vê, à medida que envelhece, enfocando com mais intensidade no que virá a seguir?

ME: Não. Apenas estando, apenas estar aí. Estar em contato com a vida, a natureza, Deus, o espírito — quaisquer palavras que usemos —, o que parece adequado para nos colocar à dura prova. Para viver plenamente a constelação da minha vida. Não ser muito horrível com meus filhos. Continuar tentando ser melhor com as pessoas.

VJD: No trabalho com pessoas no final da vida, há um manancial de apoio que lhes possa dar?

ME: Ainda não pude calcular isso na maioria das vezes. Apenas uma é religiosa de um jeito parcialmente tradicional. Passou do catolicismo para o judaísmo, com uma boa dose de compreensão oriental. Não podia fazer meditação budista porque sua psique a perseguia enquanto sentava. Não podia sentar em meditação. Coisas viriam e temia que a destruíssem. Era muito aterrador. Seu corpo não podia agüentar. A reza era melhor para ela. Precisa de contato com o Outro pessoal. Não é todo mundo que pode lidar com a mudança interna profunda, e há diferentes meios de fazê-lo.

VJD: Como fazemos isso?

ME: Bem, dê sua melhor tacada! É difícil encontrar os termos corretos para isso. É engraçado como as coisas se chegam. Jesus disse: "Onde houver duas pessoas, eu estarei lá. Serei a terceira." Suponho que se referia ao Espírito Santo como a terceira entre as pessoas, o elo que inspira, levando-as a novos locais.

Todos temos um sentimento, uma sensação de que deve haver algo mais. Não sou apenas o somatório de meus impulsos predadores, o chamado velho cérebro, trações autônomas. Nem mesmo sou redutível a pensamentos do cérebro elevado, aquela coisa de esperto que sabe tudo. Continuamos pensando e sentindo que há algo além, deve haver algo mais. Costumava ser chamado de "essência". Agora esse termo não é popular. Então, o que pode ser? A voz dos profetas ainda insiste que somos pecadores. E Holden Caulfield está lá dizendo: "Os adultos são falsos." Há esse sentimento, essa voz: deve haver algo mais.

Ninguém gosta de Jeremias atualmente porque ele é muito soturno, mas há uma passagem em que ele fala a esse respeito. Diz: "Não siga seu coração. Não siga seus olhos. Eles os metem em apuros. Eles o desencaminham. O que você procura é algo além, está em outro lugar. Não é seu coração. Não é o amado que seus olhos podem ver." Parece querer dizer que o que você procura é a voz de Deus, mas como ele faz isso? Não pode encontrar as palavras. Finalmente, desiste. Quase exasperado, deixa escapar: "É uma queimação! [Ele grita as frases.] "É uma queimação dentro de você! Uma queimação dentro de você que lhe dá outro coração!"

Esta é sua tacada. Não é tampouco meio ruim.

Há um meio pelo qual essa voz fala no judaísmo, o coração queimando seu caminho para um novo coração. Isso acontece de diversas maneiras no catolicismo, no budismo... No islã, os sufis puxaram um fio do Alcorão como uma forma de fazer uma conexão direta que abrace todos os seres. Em qualquer uma dessas tradições, os fios estão lá para fazer uma conexão com o que nós todos mais valorizamos. Para mim, isso é menos uma coisa budista, ou judaica, do que uma coisa de Deus. Ah, meu Deus, existe algo aqui! Você é real, nós somos reais, este é um mundo sagrado. O que podemos fazer com ele? Como podemos ajudar? O cuidado tem um lugar? Sei que sou destrutivo. E como uma pessoa que freqüenta o grupo dos Alcoólicos Anônimos, quero ajuda, quero ajuda. E quero ajudar outras pessoas.

Tudo isso é parte dos músculos emocionais de que carecemos. Temos que crescer a ponto de nos debatermos com nossa ira, nosso ser destrutivo. Temos que dizer: isto não é o que quero ser. Algo mais existe ali que quer emergir.

VJD: Você dedica a vida ao trabalho dentro de uma tradição psicanalítica enquanto vem articulando uma visão de transformação distinta de qualquer um que eu tenha lido ou ouvido. Tem esperança?

ME: Com indivíduos, sim! Quanto ao cenário maior — nacional, global, institucional —, não tenho essa perspectiva. Gostaria de pensar que indivíduos de fato fazem diferença. Se continuarmos a trabalhar com nossos próprios seres, nós mesmos...

Sempre recebo cartas dizendo coisas como: "Quando o leio, ouço minha voz." Algo mais profundo, pessoal, necessário, emerge. Escrever é parte de minha vida e é uma questão de vida e morte. Expressa realidades que procuram uma escuta. Cada um contribui com o que é nosso: uma dança, uma canção, um olhar, um toque. A ajuda vem de toda parte; somos seres muito sensíveis. A crueldade e o cuidado são gêmeos que nos desafiam. Temos múltiplas cabeças e múltiplas almas. Quando alguém me diz "ouço a mim mesmo em suas palavras", agradeço a Deus pelos pontos de conexão, momentos de comunicação quando uma alma significa algo para outra.

Mas não tenho quaisquer ilusões quanto à mudança. Não sei como fazer para que a mudança aconteça ou como mudar a mim mesmo. Nenhum truque. Apenas continuar trabalhando, encontrando, sentindo, pensando, comunicando, só continuar assim. Não sei muita coisa a respeito de fazer mudar. Ouço que agentes de mudança estão assumindo o controle. Duvido que possa fazer tal coisa. Talvez eu tente fazer umas travessuras no porão. [Ambos rimos.]

Aprecio esse trabalho com as águas que fluem por meio da psique, o fluxo que é a psique. Respiração, circulação, digestão psíquicas — é um processo misterioso, como uma pessoa afeta a outra. A qualidade da sintonia é apenas um começo. É um negócio traiçoeiro. Vidas dependem disso. Mas vale a pena tentar.

VJD: E em seu cenário mais esperançoso para o futuro?

ME: Jesus disse que o pobre estará sempre conosco. Vamos esperar que se referisse aos aspectos modestos e humildes da alma. Podemos trabalhar no refugo e não deixar que o fato de que coisas ruins estão acontecendo nos impeça de ajudar. As coisas parecem bastante desanimadoras num momento, mas momento algum é a história toda. Os rios ficam poluídos e, com o passar do tempo, se limpam. Às vezes, é melhor adotar uma perspectiva de longo alcance. As coisas se movem por esse caminho, por aquele outro caminho. Nenhum deslizamento é definitivo.

É parte do paradoxo do viver o fato de que manter a visão distanciada em mente nos permite ficar no aqui e agora. A água encontra seu curso em torno de obstáculos. Há muito mais para uma vida cuidar do que qualquer vida pode exaurir. Não é necessário fingir que as coisas são melhores do que são, para que se doe totalmente a tudo o que pode fazer. É verdade que uma coisa bela é uma alegria eterna? Se for assim, como? Sou um romântico irremediável porque realmente me sinto esperançoso de que haja uma maneira de manter a vida nova e aberta em todo o percurso final e até o fim.

Rodney Smith
Vivendo e morrendo sem presunção

"Não podemos ser nada senão um verdadeiro ser humano quando morremos. A morte não permite qualquer presunção."

"O morrer torna a vida prontamente real."

"A possibilidade de uma boa morte sempre existe. Se eu estou à altura da tarefa ou não, esta não é realmente a questão. A morte sempre sustenta o potencial de crescimento."

Às VEZES A VIDA NOS DÁ um presente. Às vezes, em momentos cruciais de nossas vidas, somos presenteados com novos caminhos, com oportunidades de crescer de maneiras inesperadas. Se tivermos coragem de tomar essas novas direções, nós expandimos, tornando-nos mais do que algum dia sonhamos, descobrindo maneiras de viver e morrer com dignidade e graça. Esta é a história da jornada da vida de Rodney Smith, conforme me relatou num dia ensolarado de dezembro, em Seattle. Foi assim que passou a trabalhar no cuidado em asilos nas duas últimas décadas, escreveu *Lessons from the Dying* (1998) e, finalmente, foi levado a "viver a questão da vida" em cada momento, em todo novo dia, como praticante budista e professor.

Uma jornada rumo ao Oriente

Rodney Smith foi criado em Ohio. Recrutado durante a Guerra do Vietnã, trabalhou num hospital na Bélgica. Ao retornar a Ohio, considerou a possibilidade de ingressar na escola de medicina antes de se estabelecer na assistência social. Seu trabalho fluía sem dificuldades, mas sentia uma crescente "inquietação interior do espírito". De repente, uma direção espiritual se revelou quando foi a Cincinnati ouvir Ram Dass, numa noite fria de primavera. Em 1979, encontrou um monge birmanês, Mahasi Sayadaw. Inspirado, mudou-se para Burma e recebeu a ordenação. Mais tarde, mudou-se para a Tailândia para práticas complementares. Quatro anos depois, retornou aos Estados Unidos, em busca de mais engajamento social. "Buscando o silêncio", disse: "Eu podia evitar o traço desagradável das pessoas, até me dar conta de que precisava avançar para o que era difícil. Não sabia o que precisava aprender, mas sabia que seria com outras pessoas." Por 16 anos, Rodney Smith trabalhou em ambientes de asilos no Texas, em Massachusetts e Seattle. Metade do tempo é usado transferindo serviço direto aos que estão no fim da vida; na outra metade, administra e ensina a equipe do asilo. Atualmente, trabalha como fundador e professor orientador da Seattle Insight Meditation Society, consultor de programas de asilos e professor de meditação.

Victoria Jean Dimidjian: A morte é um tema fundamental, tanto em sua prática budista como em seu trabalho no asilo. Como é isso?

Rodney Smith: A morte ainda é um mistério. Quanto mais trabalho com os moribundos, mais a vida fica imbuída também desse mistério. Passei a me importar com os moribundos porque o morrer me vivifica. Trabalhar com tais pessoas me força a formular questões e a buscar modos conscientes de viver.

Rodney Smith: Vivendo e morrendo sem presunção

VJD: Isso parece budismo.

RS: Exatamente! São duas arenas separadas da minha vida, mas, em muitos aspectos, a mesma. Quando trabalhei no primeiro asilo, senti como se nunca tivesse deixado o mosteiro. A equipe do asilo não sabia nada sobre budismo, mas pude ver que encarávamos os mesmos medos que a meditação gera. Se pude tolerar o calor, sabia que os fogos da morte e do moribundo podiam revelar verdades eternas. No mosteiro, minha mente foi afiada e aprendi a avançar em direção à dificuldade, e, nesse momento, tinha o tema — a morte e o moribundo — para focar minha mente. E a morte e o moribundo começaram a revelar seus segredos, nunca de modo que saibamos o que é, mas revelando como tememos a vida. Então, nesse momento, tive que examinar todos os recursos de que me valia para ficar na retaguarda da vida, como limitava como vivia distorcendo minha vida com os medos da morte e da perda.

VJD: Esse medo já se foi?

RS: Devo dizer que depois de todos esses anos de cuidado em asilo os temas da morte e o moribundo ainda continuam sendo um mistério tão grande hoje como naquela ocasião, nos primeiros meses em que deparei com o assunto. Mas é esta a questão, não é? O fato de que frustra uma explicação, frustra uma sentença decisiva. Permite que o questionamento seja contínuo, ou seja, a pergunta permanentemente aberta: o que é o desconhecido e como é crescer e morrer? Como é envelhecer?

VJD: Então, o medo permanece, mas você o vive conscientemente?

RS: [Ele balança a cabeça enfaticamente.] Você o vive consciente e ativamente. Você vive a questão em aberto da morte. Acessamos o verdadeiro espírito do budismo vivendo a questão da vida.

VJD: Vamos aprofundar um pouco mais esse ponto. O que, em sua opinião, fez com que você parasse de se refrear? Foi trabalhar com o moribundo ou trabalhar com o pensamento da sua própria morte, ou ambos?

RS: Certamente, ambos! Este é um ponto realmente importante. Quando você começa a se comprometer com o budismo, começa a trabalhar naquilo que restringe sua consciência. E o que é isso, senão o medo? Quando se começa a investigar o medo, isso, inevitavelmente, o conduz aos temas da morte, do morrer, envelhecimento e tudo isso. Então, quando voltei de meus anos budistas no Oriente, eu não ia seguir as normas sociais e deixar de falar sobre a morte. Encontrei pessoas e ambientes onde me senti confortável para falar sobre esses assuntos tabus. Este é o verdadeiro espírito da *Sangha*, da comunidade. É um lugar para se sair das normas sociais e discutir o que, para você, é realmente importante.

VJD: Houve isso no Texas?

RS: Não, de modo geral, não, mas houve com a equipe do asilo. A equipe do asilo desconhece termos budistas, mas ela pode olhar para a morte, para o moribundo e para o desconhecido. E quando você se orienta para algo desconhecido, se dirige para o budismo. No cuidado em asilo tem que aprender a soltar, se você vai viver mais do que uns poucos meses.
 Estar no lugar do se desprender permite que um tipo de mistério se desdobre. Todas as defesas que usualmente colocamos diante daquele mistério (ou seja, para dele nos protegermos, mantê-lo intato e bem protegido), tudo some. A equipe do asilo tem que gostar do desconhecido para continuar a fazer esse trabalho, para ser capaz de trabalhar com a morte todo dia. Os mundos do budismo e do cuidado em asilo se encaixam bem, justamente por essa razão.

VJD: Você vê mudanças na integração da espiritualidade oriental no Ocidente, não só no trabalho com o morrer, mas em todas as ciências humanas?

RS: Sim. [Ele meneia a cabeça bem para baixo e põe de lado sua xícara de chá vazia.] Acho que o Oriente oferece caminhos para mantermos a vida interior e uma maneira de nos relacionarmos com os que sofrem. Essas são estratégias que faltam em nossa psicologia ocidental e na assistência social. Se estou com raiva, isso não significa que tenha que me revoltar com essa raiva ou achar que sou uma pessoa má. A raiva, antes, ou o medo, a impaciência, a solidão, a miséria — quaisquer emoções difíceis que possam surgir — têm um propósito. É típico do Ocidente não legitimá-las. Gosto de articular isso em termos de nosso vigor. Todas as partes de nossa consciência são componentes do que significa estar vivo. Estar plenamente vivo significa que honramos e permitimos que todos os aspectos da nossa consciência vivam sem julgamento interno. Vivemos como um campo aberto e não como um contêiner fechado. Podemos, então, aprender a preservar nossa vida interior e não viver à sua custa.

VJD: Você está se referindo a como censuramos ou negamos nossos pensamentos e sentimentos?

RS: Censurar limita nossa capacidade de ouvir internamente. Onde censuramos, não podemos curar. Apenas através da escuta podemos oferecer as qualidades curativas da conscientização, da vigilância e da plena atenção sem sermos reativos. Pela conscientização posso criar o mesmo ambiente seguro para outros que criei dentro de mim, para mim. Você não se sentirá segura se eu ridicularizar ou inibir sua expressão natural da vida... Ou mesmo se eu titubear! Se eu der leves indicações de que o que você expressa está fora do alvo, você deixa de estar segura. Mas se eu puder criar um espaço que lhe permita ficar sem minha aversão, meu incômodo ou reprovação, esse é o ambiente da aceitação.

Não aprendemos realmente a agir assim porque não aprendemos a sustentar nossa própria dor. Tive um belo exemplo disso no trabalho do asilo. Eu trabalhava com uma mulher cujo marido estava morrendo, e a vi por várias sessões. Um dia, fui sentar-me com ela e fiquei na mesma postura que sempre assumia, com as mãos em meus joelhos, inclinando-me para a frente. Ela disse: "Sabe, quando você senta desse jeito" — e ela apontou para os joelhos —, "me força a sentir mágoa. E hoje não estou pronta para me lamentar. Hoje estou com uma raiva infernal por ele estar morrendo. Você vai estar comigo lá também?"

VJD: Temos muitas proibições em relação à raiva e a dizer a verdade. Não dizemos às pessoas o que precisamos. Não as confrontamos. Diga-me mais a respeito desse tema.

RS: Os refinamentos culturais não podem suportar o vigor e o ímpeto da morte. A morte só tira a mesa. Não podemos ser nada senão um verdadeiro ser humano quando morremos. A morte não permite qualquer presunção. Então, se você, com a mente aberta, olhar para o momento do nascimento e depois olhar para o momento da morte, vê o verdadeiro espírito humano. O intervalo, apenas o cobrimos com a presunção. Quando as pessoas conseguem ser honestas, elas se recuperam.

E isso é amor. Isso é compaixão. Quando se é capaz de sustentar a dor de outra pessoa sem ter uma reação adversa. Logo que me conecto com seu pesar, sem barreiras, a verdadeira compaixão pode se manifestar. Ela está sempre prontamente acessível, mas fixamos o foco mais no resistir ao que está acontecendo. A resistência mantém a individualidade bem definida, mas o faz em prol de uma maior vivacidade.

VJD: Ouvindo-o penso sobre como ensinar adultos a trabalhar com crianças. Você está descrevendo o que acontece quando adultos não estão em contato com a criança de 2 anos que têm dentro de si, de forma que não podem começar a estabelecer um relacionamento com a criança que está chorando na porta.

RS: Por toda uma vida, pintamos a madeira tosca de nossa verdadeira natureza cada vez mais — camada sobre camada. A prática espiritual é apenas despir a madeira de volta à sua pureza original. Em geral, tiramos uma camada por vez, porque tememos revelar muita coisa. E, por isso, a prática é difícil. Porque, quando você remove uma camada de tinta, as razões pelas quais colocou a pintura pela primeira vez são novamente expostas — toda a dor conectada com aquela época de sua vida é revelada.

VJD: Como é esse processo?

RS: À medida que começamos a fazer esse trabalho, nós nos encontramos revivendo as lembranças e os medos que nos defenderam da dor. E, então, quando sentimos aqueles medos, sabemos que avançamos na direção certa. No final da vida, toda a nossa história vai emergir. É uma verdade universal. Não há qualquer maneira de impedir que isso aconteça. Nenhuma pintura pode fazer frente a isso. É algo da ordem do absoluto. Eu amo o absoluto porque não dá espaço para presunções. Quando nada se interpõe entre um ser humano e sua morte, há uma naturalidade no modo como tal pessoa morre. Você vê poucas pessoas encarando a morte com uma compreensão de que a evitaram durante a vida.

VJD: Surpreende-me quando quanta luta e quanta dor podem estar associadas ao morrer. Especialmente quando eu li histórias de mortes de mestres budistas. Penso: "Ora, eles deveriam saber como fazer isso!"

RS: Sim, dizemos: "Bem, alguém que praticou meditação deve saber como morrer." Mas um certo alguém que praticou meditação não sabe como morrer. Ele sabe como viver o aspecto bruto de sua natureza humana. Quem sabe como há de ser o processo do morrer?

Tem uma história zen sobre um praticante que foi visitar o Roshi que tinha câncer e lhe perguntou: "Quando você começar a morrer, como vai manter o Dharma?" E o Roshi começou a rolar no chão, gritando de dor. Depois voltou ao prumo, sentou-se reto, olhou o praticante nos olhos para ver se havia entendido. Não havia uma maneira específica, percebe? Tudo o que levarmos conosco para nossa morte é apenas sofisticação.

VJD: Você praticou meditação por quase toda a sua vida adulta. Como é sua prática atualmente, em que medida é parte essencial de quem você é?

RS: Hoje, é mais liberada da forma. Durante muitos anos sentei em meditação, com rigor, todo dia, além de participar de retiros anuais, e essa prática foi fundamental para quem eu era. Minha prática me definiu. Mas, na última década, essa prática mudou. Ainda me dedico ao desenvolvimento da conscientização, e isso é essencial em minha vida. A linha entre meditação e vida, porém, foi apagada. Percebo que assim que surgem as resistências aprendi a não evitá-las ou dissimulá-las. Hoje posso rastrear a dor para investigar onde estou retendo, onde estou evitando o que de fato é.

Minha prática hoje é, profundamente, minha pessoa. É uma sensibilidade sempre crescente a que estou resistindo na vida, no momento exato do viver. A dor me desperta da tendência a ficar inativo. Uma vez que todos os lugares difíceis são abertos, então a conscientização flui.

VJD: Você teria chegado a esse lugar de compreensão e aceitação sem a meditação?

RS: Falando por mim, pessoalmente, creio que não. Tenho certeza. Mas isso não é verdadeiro para todo mundo. Cada pessoa tem seu momento individual para ser despertado. Alguns estão mais prontos para isso do que outros. Só que pessoas como eu têm mais penitência para fazer!

VJD: E hoje a porta está aberta o tempo todo?

RS: Haverá mais dor e resistência, sei isso a meu respeito. Encontrar a morte todo dia é meu modo de trabalhar com a resistência. O trabalho, no momento, é continuar aberto e tocar mais fundo em meu coração por meio do serviço ao próximo.

VJD: E como você faz isso? Há um meio de se lograr êxito a cada vez?

RS: Certamente não é aplicando uma fórmula. E, no entanto, há um modo de estar com alguém, de estar inteiramente presente e reagindo espontaneamente conforme a necessidade no momento, que dá impressão de ser autêntico. Pode-se saber quando você está lá.

VJD: Isso simplesmente evoluiu para você? Se não foi assim, como aconteceu?

RS: Foi meu trabalho no asilo e minha prática de meditação. Descobri como ir ao encontro das necessidades de cada pessoa estando, eu mesmo, no momento. Há apenas um modo de ser criativo, e esse é se desprender.

Por exemplo, um paciente meu, Jack, estava morrendo de câncer no pulmão. Ele estava sempre ofegante e simplesmente aterrorizado com o fato de encarar a morte em breve. Jack acreditava na Bíblia muito literalmente e sentia que podia não temer a morte porque isso negava a "palavra viva do livro", que era crucial para sua vida. Mas pude ver como estava tomado pelo medo, como estava negando Deus ao negar o medo que tomava conta dele a cada vez que ficava ofegante. Então, apenas perguntei: "Então é vontade de Deus que você morra?" Ele concordou. Aí eu disse: "Parece então que é também vontade de Deus que você esteja vivo neste momento." Ele concordou novamente. Sugeri que, se ele observasse sua respiração, estaria de fato notando a intenção de Deus que ele vivesse. Assim que começou a observar sua respiração, não pôde mais negar o medo que surgiu com o seu agonizar. Ele começou a manejar sua dor, em vez de negar sua existência. Não estávamos falando sobre espiritualidade e fé de um modo abstrato, mas trabalhando diretamente com seu sofrimento naquele momento.

VJD: Sua necessidade de se controlar pela negação foi acalmada?

RS: Sim, ele começou a encarar o que ficava entre sua religião e sua morte. Você não pode morrer uma morte escritural. O morrer torna a vida prontamente real.

VJD: Suas palavras me recordam de novo como freqüentemente cuidamos de crianças tentando controlar demais seu desenvolvimento e, às vezes, até forçando o crescimento em vez de facilitá-lo.

RS: Sim, o controle se despedaça durante o processo do morrer. E, se houver em seu caráter forte necessidade de controlar, o padrão de tentar controlar sua morte estará lá. E quando se chega ao término do que se pode controlar surge, com freqüência, o pânico. Pânico real. Não é uma palavra tão trivial. Para muitas pessoas, a perda do controle é a perda de quem elas são. Algumas vezes, é mais fácil para os que viveram à margem da vida, porque suas vidas estão fora de controle. Mas os ricos e influentes, os de prestígio e status, têm, em geral, aquela sensação de estar no controle. Então, as condições difíceis que a vida nos deu enquanto vivemos podem sempre agir a nosso favor quando estamos morrendo.

Quando não podemos mais usar o corpo da maneira familiar ou atender às necessidades dele, estamos no limiar da perda do controle. Ficamos indefesos como uma criança novamente. Trata-se de um limiar muito tênue. Mas, mesmo no seio desse desamparo, a pessoa pode ainda se sentir um ser humano inteiro. Ainda pode acercar-se da realidade do ser completo. Essa sensação de completude pode nos acompanhar, mesmo se os nossos corpos perderem a funcionalidade. Perder tudo, exceto a essência de quem somos, é uma lição disponível no final da vida. Tudo se distancia de nós: nossas habilidades, tomada de decisão, relacionamentos, tudo, exceto uma integralidade da consciência. Se pudermos, de fato, alcançar esse senso de completude, então obtemos maior integridade do que apenas as armadilhas externas de poder e controle que encobriram nossa inteireza desde o início.

VJD: Como assistimos as pessoas nesse processo na condição de cuidadores?

RS: Quase sempre os que estão junto aos moribundos desejam mantê-los ligados à existência. Aí eles exibem fotos da família, das pessoas que estão deixando, em vez de mestres espirituais ou das visões do que pode ocorrer durante essa passagem. Mas os que estão sendo deixados para trás não têm que ficar dando puxões na roupa do moribundo. Eles podem tentar achar meios de facilitar a passagem. Podemos criar um ambiente através da música, da beleza, chegar perto da pessoa querida e dizer: "Sabe, vai ser difícil para mim, mas vai ficar tudo bem. Eu vou me restabelecer pouco a pouco sem você. Quero que você tenha a melhor jornada possível." Isso faz com que o moribundo possa se libertar das coisas que ele não fez e das questões não resolvidas, e seguir para a próxima dimensão.

Tudo o que nos definiu está despencando. Tudo nos está sendo subtraído. Sentimos como se tudo o que somos é eliminado quando a morte se concretiza. E o que isso significa? Definitivamente, ela nos lança em queda livre, e aí inexiste até a ausência de controle! É simplesmente uma queda livre, sem terra alguma onde pousar.

É quando o senso de autopreservação, o primeiro estágio em que encaramos nossa morte, começa. Chegamos ao nível da morte, falamos a respeito dela, começamos a enfrentá-la e, aí, ficamos assustados. Com o sentimento de perda aterrador, de repente, o medo se torna real. Então, de imediato, recuamos. Fazemos nova tentativa de manter o controle em vez de entrar no desconhecido.

VJD: Então você vê estágios decisivos no aprendizado de aceitar a morte e no trabalho com o moribundo?

RS: Sim, pelo menos três. Lutamos com nossa necessidade de autopreservação. Queremos aprender com a morte, mas não queremos ser, de fato, tocados por esse monstro. O 11 de Setembro nos mostrou isso muito claramente. No início, estávamos todos muito esmagados, simplesmente destroçados pela tragédia. Nosso coração se abriu. Sabíamos que éramos vulneráveis e nossos corações se abriram para o cuidado, a ajuda e o pesar. Durante aqueles primeiros dias éramos, realmente, uma comunidade diferente, talvez um país diferente. Mas aí as defesas aumentaram e a preocupação com a autopreservação começou a nos dividir.

VJD: Foi aí que os sentimentos de retaliação e ódio assumiram o controle?

RS: Sim, quando paramos de nos abrir para o sofrimento, a força bruta assumiu a direção. Não que não precisássemos reagir ao terrorismo. Precisávamos, e não podíamos deixar que aquilo continuasse. Mas, agora, tínhamos plantado as sementes para mais terror. Durante aquelas semanas, uma comunidade em que trabalho no Canadá organizou uma caminhada na esperança de tentar compreender o que realmente aconteceu em vez de reagir. Esta é a bandeira deles. [Ele vai ao banheiro e puxa uma bandeira onde se lê: "O ódio jamais é vencido pelo ódio. O ódio só se extingue com a compreensão."]

Se pudermos ir além dessa necessidade de autopreservação, então passamos ao segundo estágio. Esse é o estágio da compreensão da universalidade da morte: quando percebo que em tudo que toco, todas as pessoas que fazem parte de minha vida, tudo isso vai morrer, haja o que houver, a morte finalmente intercederá. Tendo isso em vista, qual é minha relação com o mundo?

VJD: Você está falando sobre a transitoriedade...

RS: Exatamente, abraçar a transitoriedade completamente, aceitá-la totalmente. E, assim, surge o estágio final. O chamado final é em direção à exploração de si mesmo e à compreensão do eterno. Isso nos leva de volta ao momento imediato, fechando o círculo, de modo a se viver inteiramente sem presunção e apenas sendo.

VJD: O que você acaba de dizer torna compreensível o fato de que todas as tradições religiosas dão à morte um lugar central.

RS: Ah, sim! Penso que Cristo estava brincando com nosso entendimento quando trouxe o morto para a vida. Ele estava dizendo, com esse ato, que a questão não tem relação com morrer ou não. Tem relação, antes, com a maneira pela qual nos mantemos no mundo e como vivemos. Os milagres foram suas tentativas de mostrar que isso [seu gesto amplo abarca a sala toda] não é de fato nada, apenas um jogo com diferentes condições. Perdemos o que realmente somos no circuito das aparências. Ver através dessas aparências é o estágio final de nossa indagação sobre a morte. A morte nos mostra isso porque ela nos priva do mundo. Naquele momento se foi, oh!

É por isso que todos vêem a luz. Você se desfaz de tudo — o que mais há ali? Creio que, nesse momento, todos nós veríamos a luz!

VJD: O que você pensa sobre sua própria morte? O que seria, para você, uma boa morte?

RS: Bem... Terei duas respostas para essa pergunta: a convencional e a pessoal. A primeira resposta baseia-se principalmente nos meus anos de trabalho no asilo e a segunda, na meditação.

Acho que qualquer situação é viável e, sendo assim, posso estar com ela, aprender com a situação. Não preciso, creio, de certos arrimos ou de condições determinadas. Se depender de tais condições, o que acontece se tiver um ataque cardíaco no meio da via expressa? Se as minhas precondições não forem atendidas, essa morte será ruim?

Essa é a controvérsia acerca do que chamamos, atualmente, de "uma morte digna". Porém, se o corpo pode cuidar de si mesmo ou se está secretando fluidos por toda parte, este não é o fundamento da dignidade. A dignidade diz respeito a como lidamos com a situação internamente sem levar em conta o que está acontecendo. Esse senso de dignidade interior definirá, para mim, uma boa morte. Mas sei que há muitas situações em que posso não ter esse tipo de dignidade. Posso estar gritando por dentro, posso estar perdido ou pode ser um acontecimento tremendamente difícil. Mas a questão é que a possibilidade de uma boa morte sempre existe. Se estou à altura da tarefa ou não, esta não é realmente a questão. A morte sempre sustenta o potencial de crescimento.

Uma boa morte, do ponto de vista convencional, é considerada relativamente ao lugar onde se deseja morrer, com maior freqüência, em casa. E se quem você deseja que esteja ao seu redor está lá ou não. O movimento asilar é a força motora para o estabelecimento dessa definição convencional de uma boa morte. Tem muito mérito. É onde as pessoas estão mais relaxadas, onde se sentem mais no controle. E isso é muito importante no momento em que elas estão perdendo o controle em relação a tudo mais. Mas, para ser franco, podemos criar o ambiente, mas aí velhos padrões familiares podem voltar e, do ponto de vista do asilo, não há muitas famílias que aceitam o desafio dessa situação. A maior parte é reclamação e discussões, a velha dinâmica da família. Portanto, as famílias morrem de acordo com o caráter também, conforme assinalou Elisabeth Kubler-Ross.

VJD: Então parece que você quer ir além da idéia de uma morte boa ou ruim. De modo que, se a morte acontecer num asilo ou numa via expressa, será capaz de estar aberto para a situação quando o momento chegar.

RS: É essa minha definição de uma boa morte.

VJD: Parece-me bastante enraizada no budismo.

RS: Fundamental para a prática, sim. Mas creio de fato que o estabelecimento de uma definição convencional de "uma boa morte" é muito importante. Dialogar sobre o que é uma boa morte é um movimento cultural voltado para uma maior sensibilidade de coração e para o início do fim da negação da morte. Penso que criar a estrutura de uma boa morte — ambiente, medicação, financiamento, tudo mais — é muito importante no sentido de levar toda a cultura a reconhecer o potencial daquele evento.

VJD: Sim, senão poderiam entender que você está dizendo que a morte pode vir a qualquer momento e apenas precisamos estar prontos.

RS: Alguém poderia dizer que não há necessidade de asilos, nenhuma razão para dar fundos para manter o moribundo, e aí ninguém faz nada. Isso nos faz retroceder e nos deixa de mãos vazias. De modo que, veja você, o asilo apóia a capacidade para minha definição individual da boa morte. Eu poderia viver sem ela se fosse necessário, mas espero que todos tenham a oportunidade de vivenciar sua boa morte.

VJD: Suas experiências trabalhando no asilo o convenceram de sua importância. O que você diria a alguém que está apenas começando a pensar sobre essa decisão? Por que o asilo em vez de um cuidado institucional ou simplesmente ficar em casa com a família?

RS: Pelo menos quatro razões me vêm à mente!
Primeira: os pacientes podem relaxar durante sua jornada final no lugar que acham mais familiar, seu ambiente de casa. A maioria escolheria de imediato essa opção, salvo o fato de não terem experiência e conhecimento para lidar com problemas físicos e médicos que surgem no final da vida. Então, eles se dirigem a instituições, onde acreditam que possam manejar tais problemas. Mas, com certeza, o asilo provê recursos para se morrer em casa. O asilo diz ao paciente: "Você pode morrer onde for mais confortável, com as pessoas com as quais se sente mais à vontade e podemos estar lá para cuidar dos sintomas e resolver os problemas físicos e médicos durante a passagem."
Segunda: o asilo vê o paciente e a família como uma unidade de cuidado durante a doença terminal. Poucas instituições proporcionam essa gama de apoio. Usualmente, morrer é visto como um problema individual, e o médico se concentra em aliviar os sintomas e a dor do paciente. Num asilo, o enfoque holístico adotado abrange a família inteira. Tanto o paciente como os membros da família ficam envolvidos, e suas demandas psicofísicas, espirituais e físicas recebem suporte durante a transição. Depois que o paciente morre, dá-se apoio durante o

período do pesar para os membros da família, em geral por até 13 meses, para que a privação possa se desdobrar naturalmente. Às vezes, leva mais tempo, mas normalmente há um movimento com vistas à aceitação da morte durante o primeiro ano.

Terceira: o asilo fornece meios às famílias em suas casas, tornando o final da vida economicamente viável do modo que desejam, não tendo que depauperar as finanças da família para o cuidado do moribundo. O asilo tem conhecimento ímpar e perícia para treinar e dar apoio à família durante cada etapa do processo do morrer.

Acho, contudo, que a quarta razão é a coisa mais importante que o asilo pode fazer, e o motivo que eu o escolheria durante meu processo de morrer. A ajuda do asilo está ao alcance do paciente e de sua família a qualquer hora, dia ou noite, bastando apenas um telefonema. É muito diferente de ter que marcar hora em uma "entrada de emergência" ou de conseguir um médico por meio do serviço telefônico de uma companhia. A equipe de auxiliares do asilo tem experiência instantânea e auxílio receptivo à disposição. Eles dizem: "Passamos por isso antes, sabemos como trabalhar com o fim da vida e esse lugar é a ajuda que podemos oferecer nesse instante." Já que esse é seu único foco de cuidado, eles realmente aprenderam a ouvir, a exercer essa habilidade específica em ajuda no momento imediato.

VJD: Então a maneira de tratar do asilo é um vínculo de porta-sempre-aberta para a família e o membro moribundo?

RS: Sim, uma abordagem que torna possível falar sobre o morrer, assim como expressar os embates que fazem parte do processo. Com muita freqüência, os moribundos são silenciados e suas preocupações e questões são inibidas, e até mesmo proibidas. É a idéia de que os médicos sabem o que é melhor e que o hospital tomará conta de tudo. Esse tipo de mentalidade impregna o estilo do nosso cuidado com a saúde. No entanto, a doença terminal e o morrer são realmente diferentes, e o cuidado asilar adota, para cada um, uma postura radicalmente distinta. O asilo trabalha em parceria com a família e com o paciente, ajudando em cada etapa e respondendo a cada luta.

VJD: O que o mantém nesse trabalho?

RS: Lidar com os tropeços da vida é lidar com o eu. E, portanto, há um trabalho permanente com o mistério e o desconhecido. Em última instância, isso nos permite trabalhar com a nossa morte. Esse é o chamado do crescimento espiritual. Não precisa esperar até que tenhamos metástase de um câncer, com semanas de vida. Esse é o chamado da imediação.

VJD: Então todas as coisas — as quais você chama de tropeços do final da vida — podem ser meios de aprender a estar consigo mesmo?

RS: Exatamente. A morte nos concede as lições para viver. Dá-nos a matéria-prima para recebermos cada momento plena e abertamente. Quando a mantemos próxima, permanecemos em contato com o modo como vivemos. Com a morte, não temos mais tempo de procrastinar. Não mais amanhãs eternos. O tempo vem berrando por uma parada e, de repente, o coração se abre. Por que o coração se abre quando o tempo não está ali? Pensar em função do tempo, viver em função do tempo é precisamente o bloqueio do coração. Quantas vezes dizemos "Ah, posso fazer isso amanhã", e a coisa nunca é feita? Trazemos todos os dias passados que carregamos conosco, todas as nossas expectativas, planos e tudo aquilo que nos impede de estar totalmente engajados no aqui e agora. A morte nos dá esperança. A morte nos dá a oportunidade de viver a vida, cada momento dela, sabendo que vida-morte é uma coisa só, se apenas pudermos sair do meio do caminho. Abrindo o coração, engajados na vida, esse é o modo de viver e morrer.

Irmã Chân Không
Corporificando o paradoxo

"Neste exato momento, você é uma coisa muito maravilhosa. Mas quando deixar este corpo continua a ser algo muito maravilhoso."

"Uma árvore nova que está crescendo é algo belo. Uma árvore velha de 70 ou 80 anos, porém, é mais bela. Ela tem uma história tremenda por todos os anos de existência."

ENTREVISTEI a Irmã Chân Không numa tarde quente de julho, em Plum Village, França, no centro budista onde reside. O tempo em que nos reunimos naquela tarde repleta de sol fluiu com muitas histórias, pedaços de canções, lembranças e esperanças dessa líder de comunidade determinada, ativista e professora de Dharma. Aquela tarde passou tão rapidamente que fiquei surpresa quando, depois do que parecia um tempo muito breve, tocou o sino anunciando o jantar!

Irmã Chân Không nasceu em Cao Ngoc Phuong, no Vietnã, e foi ordenada por Thich Nhat Hanh em 1988. Dele recebeu o nome Chân Không, que significa Verdadeiro Vazio. Sua vida tem sido uma ponte entre os mundos do Oriente e do Ocidente, do ativismo e da contemplação. Seu trabalho anterior enfocava o cuidado dos pobres no Vietnã durante a guerra e, mais tarde, trabalhou ajudando os refugiados e órfãos vietnamitas. Enquanto esse trabalho prossegue, também exerce uma função-chave dando apoio emocional e orientação aos monges e monjas de Plum Village. É autora de *Learning True Love: How I Learned and Practiced Social Change in Vietnam*. Sua história de vida é um equilíbrio fascinante de cuidado ativo ao próximo e compromisso interno profundo com o budismo.

Victoria Jean Dimidjian: Irmã, observei a afluência de pessoas a Plum Village nos últimos dias e fiquei impressionada. Você e outras pessoas aqui incumbem-se de uma tarefa gigantesca reunindo toda essa gente! Pode me dizer como fazem isso?

Irmã Chân Không: Temos tantas pessoas vindo a Plum Village atualmente! Algumas vêm de ônibus, de carro ou, às vezes, caminhando. Acho que vêm porque se sentem muito à vontade aqui. Elas podem ser judias, cristãs ou não ter religião alguma. Recebemos muitas pessoas que dizem, na primeira vez em que vêm aqui, que odeiam monges porque suas famílias forçaram-nas a freqüentar uma escola religiosa, coisa que odiaram.

VJD: Então elas se rebelam contra a tradição?

ICK: Sim, e também contra todas as tradições espirituais. Às vezes, dizem que toda vez que vêem um monge ficam melindradas. Mas, depois de ficarem aqui, ocorre uma transformação. O que era ódio do caminho monástico se modifica. É essa a tradição espiritual engajada, viva, que queremos oferecer aqui. Todo dia oferecemos alimento material e espiritual. Antigamente, talvez as pessoas tivessem que ir à igreja uma vez por semana, mas isso isola a espiritualidade da vida. Aqui, queremos oferecer uma espiritualidade viva.

Irmã Chân Không: Corporificando o paradoxo

VJD: Vamos iniciar com como você chegou ao budismo e como o budismo se tornou parte de sua vida, à medida que trilhou o caminho do Oriente para o Ocidente.

ICK: Nasci no Vietnã em 1938, durante a guerra. Minha família não era pobre e tampouco rica. Mesmo quando era bem jovem me intrigava por que havia tantas crianças famintas. Vi famílias pobres que trabalhavam duro e nada tinham para comer. Eu não tinha que trabalhar tanto e meus pais me alimentavam.

VJD: Então você já tinha consciência do sofrimento alheio...

ICK: Sim, e da generosidade de meus pais também. Minha mãe sempre tinha uma pequena poupança e emprestava a quem pretendesse montar seu negócio. Algumas vezes, esses negócios — trabalhadores de rua vendendo café-da-manhã, comércio desse tipo — eram bem-sucedidos, e devolviam o dinheiro à minha mãe e passavam a ser como parte da família. Outras vezes, o negócio não dava certo, mas isso não alterava em nada o bem-estar de minha família, tanto que ainda seriam considerados parte dela. Então, tive ambas as experiências, de ser testemunha do sofrimento e da generosidade.

Aos 13 anos, saí de casa para estudar no colégio em Saigon. Ia ao colégio de manhã, voltava para casa para almoçar e logo fazia os deveres. Quando terminava, olhava em redor para ver o que podia fazer para ajudar as famílias nos cortiços, que não tinham comida, e as crianças que não tinham um colégio onde pudessem estudar. Com um saco de arroz, visitava cada família na área onde vivíamos e pedia que colocasse um punhado no saco cada vez que fosse cozinhar o arroz. O arroz no Vietnã é como pão aqui.

Então, a cada refeição, cada família colocava de lado um punhado de arroz no saco. Em pouco tempo, cada lar tinha um saco de arroz preparado para mim. Todo mês eu levava os sacos para as crianças dos cortiços que não recebiam de colégio algum uma "bolsa de estudos de arroz". Assim, cada criança teria comida todo dia. Convidei meus amigos do colégio e minha irmã mais nova para participar dessa atividade, e todos concordaram. Foi muito prazeroso!

Também as ajudamos a ingressarem no colégio. Elas haviam me dito que o colégio não as deixava se inscreverem porque não tinham registro de nascimento. Indaguei no colégio e na polícia a respeito e descobri como obter os registros. Consegui os formulários e as ajudei no preenchimento de todas as informações e os enviamos ao tribunal. Todos ajudaram nesse empreendimento. E, então, todas conseguiram seu registro de nascimento. E o trabalho continuou graciosamente. Estávamos ajudando muitas famílias, muitas crianças.

VJD: Então seu primeiro trabalho ajudando crianças aconteceu antes de começar a prática budista?

ICK: Naquela época, no Vietnã do Sul já havia, naturalmente, budismo. Mas, em grande parte, era só recitação de sutras. Havia apenas uma tradição de monges cantores. Eles cantavam sutras nos funerais, mas não sabiam os ensinamentos do Buda. Esses chamados monges ignoravam as necessidades do povo. Claro que alguns líderes budistas davam mais de si. Eles estavam empenhados em ajudar os pobres e foram presos. As autoridades pensavam que faziam parte da revolução e aí foram enviados para algum lugar remoto.

VJD: Parece que algo semelhante ocorre nas religiões ocidentais, o fato de que com muita freqüência são praticadas apenas nas ocasiões do nascimento e da morte, e não durante todo o tempo de vida.

ICK: Sim, todos nós temos o problema de realizar uma prática religiosa que seja engajada e conectada às vidas e necessidades humanas.

VJD: O que a inspirou a ajudar aquelas crianças?

ICK: A motivação veio de dentro, de ver que havia alguma coisa injusta e que eu devia fazer algo para ajudar. Foi depois disso que minha

Irmã Chân Không: Corporificando o paradoxo

família decidiu que eu deveria retornar à minha província natal para receber os cinco preceitos do budismo. Um eminente mestre vindo de Saigon chegaria e voltei para as férias de verão e ouvi sua exposição. Mas eu tinha tantas perguntas! E não ficava satisfeita com suas respostas. Depois o monge disse que eu deveria perguntar a outro monge que estava ali com ele, um homem de aparência muito humilde e respostas muito profundas. Fiquei muito impressionada. As respostas satisfizeram todo o meu modo racional de pensar, de argumentar e sempre querer saber o porquê. Então, quis me tornar budista. Mas o monge disse que eu deveria aproveitar meu tempo estudando. Minha mente deveria encontrar as respostas.

Sou uma pessoa muito passional e, depois daquela conversa, fui a todos os lugares onde houvesse um professor budista expondo o Dharma. Ouvi palestras na cidade e no campo e, para cada uma, eu tinha uma apreciação: "Ah, essa foi muito boa" ou "Ah, essa foi razoável". Quanto mais aprendia sobre o budismo, mais eu pensava no quanto o Buda era uma pessoa magnânima. Embora pudesse se tornar um rei, trabalhou apenas para ajudar as pessoas. Perguntei por que havia tantos pobres e nenhuma instituição budista para ajudar os órfãos, as crianças e os idosos. E meu primeiro professor, Thich Thanh Tu, disse que o objetivo do budismo é ajudar as pessoas a entenderem que elas trocam cuidados entre si, e que uma família compartilha o que pode. Pode não ser muito, mas o possível.

Naquela época, visitei um dos mais antigos orfanatos e vi uma centena de crianças sob os cuidados de apenas uma irmã budista. Ah, era muito pobre e funcionava simplesmente como um exército, um quartel. Fiquei chocada. As crianças precisavam de amor. Então, organizei meus amigos de forma que pudéssemos ser as irmãs mais velhas de quatro meninas e irmãos mais velhos de quatro meninos. Pretendíamos visitá-los toda semana para levar-lhes doces, praticar esportes e, com a permissão que obtivemos, levá-los ao jardim zoológico ou ao jardim botânico. Foi assim que pratiquei budismo até que encontrei Thây [Thich Nhat Hanh].

Quando terminei o colégio, comecei a estudar na universidade em Saigon. Ao perguntar coisas muito difíceis, alguém pegava um livro escrito por Thây e dizia: "Se você ler este livro, saberá." Mas eu era muito inquieta! Não queria ficar sentada lendo. Então, num domingo, fui ouvir Thây e fiquei bastante impressionada. O que apreciava muito no ensinamento dele era que, quando eu perguntava algo e esperava uma resposta do tipo que meu antigo professor sempre me dava, ele apenas ouvia, ouvia e sorria. Nos retiros, atualmente, no último dia, ele sempre responde às questões na sessão de perguntas e respostas, mas naquele tempo nunca respondia às minhas questões. Talvez fosse capaz de ler minha mente. Ele sabia que eu queria ter uma resposta para, então, ir debater com meus amigos. Naquela época, a curiosidade intelectual na universidade era algo da maior importância. E todos nós debatíamos — católicos, budistas, professores. Mas não Thây. Foi mais tarde que fiquei sabendo que não era budismo verdadeiro obter a resposta, mas sim vivenciar a resposta em sua prática. Thây não queria me transformar numa advogada do budismo. Queria que praticasse e compartilhasse a partir do amor interior.

VJD: Não a partir de palavras e argumentações...

ICK: Sim! Passei a compreender isso! Lentamente, fui me tornando vegetariana. Se comermos menos carne, estaremos sendo mais respeitosos para com a vida. E, também, se você não pode matar nem mesmo uma galinha, então, quando estiver com raiva de alguém, realmente não poderá maltratá-lo. Este ensinamento não é o da não-ação, mas a prática da ação plenamente atenta da compaixão. Tenho que olhar em profundidade, me dirigir a esses aspectos do meu ser e colocar em prática aquilo que compreendo. Então, isso é budismo engajado de fato. Antigamente, talvez eu tenha feito um trabalho bom. Mas atualmente o ensinamento do Buda alcança cada parte de minha vida, o modo como ando, o que como e o que faço.

Irmã Chân Không: Corporificando o paradoxo

VJD: Engajamento em cada momento, todo dia?

ICK: Sim, com seu coração, seu comportamento, o modo como olha, age e fala. Desde que encontrei Thây, quando éramos muito jovens, em 1959, ele já havia corporificado a prática da não-forma, o ensinamento mais fundamental do budismo. E, mesmo naqueles dias, ele lia a Bíblia e ali encontrou muitas coisas boas que meus amigos cristãos nunca disseram. Ele viu que a beleza é profunda, está em toda parte. Lia em voz alta sobre o islamismo, o Alcorão, e encontrava aquela beleza em todo lugar. No budismo, tem-se liberdade para ler tudo e, se você achar beleza ali, está livre para compartilhar.

VJD: O que a levou a se tornar uma monja?

ICK: Meu primeiro professor disse que, se eu quisesse atingir a iluminação, deveria me ordenar. Então visitei muitas monjas e permaneci com elas durante um tempo, ouvi seus cantos, mas não fiquei muito motivada. Não via alegria em suas práticas. Eu não queria viver daquele jeito. Mais tarde, Thây me disse: "O que você fez é fantástico, porque temos que manifestar compaixão na ação." Ele me ajudou a ver que o ensinamento do Buda é uma verdadeira mudança social, que ajuda as pessoas a se levantarem, a acenderem suas próprias tochas e encontrarem um caminho novo.

Isso foi na época em que o país estava em guerra e o comunismo exortava todos os pobres a lutarem contra os ricos que os havia explorado, gerando raiva, ódio e mais sofrimento. O que eu desejava era mudança social que viesse do coração, não de fora, mas de dentro. Thây sugeriu que fôssemos para o campo e ficássemos com os pobres. Retornei e abri uma escola com 77 crianças. O estudo era feito simplesmente sob as árvores ou, caso chovesse, na varanda de alguma casa.

Tínhamos uma nova idéia do budismo. Antes, íamos ao templo, ouvíamos os cantos e ganhávamos algum mérito pintando o templo e servindo ao Buda. Mas do que o Buda realmente precisa não é que

Uma jornada rumo ao Oriente

sirvamos ao templo, mas às crianças necessitadas. Logo veio alguém dizendo que tinha folhas de palmeira para ceder, e outra, de bambu, e em poucas semanas tínhamos construído uma escola. A revolução veio de nosso trabalho. Tentamos praticar a cada passo e ficamos com uma semana por mês para a plena atenção.

VJD: Você mantém essa combinação de espiritualidade com trabalho externo em seu cotidiano atualmente?

ICK: Aqui em Plum Village somos atualmente mais de 200 irmãos e irmãs, mas sempre fazemos nosso treinamento para viver como uma família, uma grande família! Se pessoas de locais tão distintos podem praticar como amar seus irmãos e irmãs, então será possível amar qualquer pessoa. Pode-se aprender a amar pessoas de outras famílias, a amar a todos. Construir um relacionamento é como cultivar uma árvore. Você começa com a semente e tem que cultivá-la até que se fortaleça. Tem que apreciá-la todo dia, toda semana, não apenas quando houver algum problema. E, se houver algo que a magoou, você não deve dizer logo em seguida. Isso não quer dizer que deva enterrar a mágoa! Mas que, por dentro, se acalma. Espere alguns dias e então fale sobre o que aprecia na pessoa, diga isso antes de falar de sua mágoa. Não julgue. Fale para investigar as razões. Sem condenar, apenas expressando de uma forma aberta.

VJD: Desse modo o relacionamento pode começar a mudar?

ICK: Sim, o Buda pregou a transitoriedade, que tudo é mudança. Uma mãe veio me falar a respeito de seu filho. Ele era músico e se recusava a vê-la. Não sei, talvez ela o tenha magoado imensamente. E agora ela estava muito magoada. Propus-lhe que fosse a seus concertos na condição de admiradora, mesmo que ele nunca retornasse suas ligações ou respondesse suas cartas. Antes de ir, ela deveria telefonar-lhe e deixar uma mensagem na secretária eletrônica expressando admiração por seu trabalho, plantando as sementes de seu apreço. Não trazendo

Irmã Chân Không: Corporificando o paradoxo

à baila o assunto da separação na juventude ou de como ela lhe deu tudo sem ter qualquer expectativa. E ela foi. Depois do concerto, escreveu ao filho uma carta por semana exprimindo sua estima. Lentamente, o relacionamento começou a mudar. Agora, depois de muitos anos, ela, o filho e o neto são novamente uma família.

VJD: No Ocidente, a maioria das pessoas tem medo de pensar sobre a morte. De fato, o medo é profundo e evitamos encarar a inevitabilidade do morrer. Parece que há, no Oriente, um processo diferente e, no budismo, uma compreensão distinta. Como é isso para você à medida que envelhece?

ICK: Imagine que está indo para uma nova casa. Você chega no pátio e vê todas as belas plantas, bancos e árvores. Aí chega perto da adorável porta e entra na casa. E quando já está inteiramente lá dentro vê um verdadeiro tesouro. Entrar no budismo é como aproximar-se do tesouro. De início, você fica animada com as meditações sentadas. Elas a mantêm quieta, garantem paz interior, e você acha que isso é suficiente. Mas, no budismo, o ensinamento mais profundo é aquele sobre a morte. E nós todos vamos morrer.

Somos, cada um, como uma nuvem no céu. A nuvem sabe que ela vai morrer. Ela poderia ter muito medo! Mas, quando a nuvem cessa de ser nuvem, quando vier o ar frio, ela se tornará neve. A neve é maravilhosa, cada floco é como uma pequena nuvem. Então, a neve se torna água, e essa água faz a grama ficar sempre verde. Então, você começa a ver que não pode morrer. Um dia seu coração pára de bater. Nesse exato momento, você é uma coisa muito maravilhosa. Mas quando deixa esse corpo, continua a ser algo muito maravilhoso. Exatamente como está sentada nesta sala, junto a mim, agora, muito tranqüila. E aí, quando você sai desta sala, fecha a porta, continua tranqüila? Quando sair desse corpo, ainda estará tranqüila? Você pode continuar a ser.

Algumas vezes, imagino que estou num avião e alguém me diz que tem um seqüestrador ali e o avião explodirá. O que farei? Eu direi:

"Sou uma nuvem, estou mudando como a nuvem. Agora serei o espaço, livre. Quando ele explodir, derreterei, e não tenho medo."

Antes de morrer, há tempo de se tornar uma nuvem. Em um dia, uma semana, um ano, você pode fazê-lo, se viver plenamente no momento presente. Há pessoas que vivem 30 anos no esquecimento. Se puder examinar profundamente a natureza das coisas — uma flor ou uma nuvem —, ficará muito tranqüila. Sim, um dia você se sentirá cansada e velha, então pode morrer. Mas, como a flor, outra vida crescerá e se tornará bela.

Às vezes, vêm pessoas doentes aqui querendo aprender a morrer. Aprendem, antes, como viver no momento presente. Um senhor que fazia quimioterapia há muito tempo veio somente antes de sua última sessão. E ele estava fraco, mas veio para ouvir. Eu disse: "Talvez sua audição esteja fraca neste momento, mas há centenas de pessoas aqui com fones de ouvido que estão continuando a compartilhar o Dharma." Ele ficou aqui durante um mês. Quando morreu, sua esposa ficou muito triste. Ela sofreu e sentiu muito sua falta. Mesmo que sua forma não estivesse aqui, ele estava presente em seus filhos, em seus netos, em tudo o que produziu. Ele era um artista, e a família lembrava-se de toda a sua obra e de cada palavra que dissera. Portanto, ele ainda estava presente entre eles. Porque você não vê seu marido não quer dizer que ele não esteja mais em seus filhos, em seus amigos, em você.

É claro que isso não quer dizer que, quando sou informado de que tenho câncer e morrerei amanhã, ficarei muito feliz. Quando descobri que tinha um câncer em desenvolvimento, fiquei muito triste. Mas pratiquei relaxamento profundo e sentei em meditação todo dia. Achei que tivesse um tumor. Mas sentei e pensei que, se não era para eu existir naquela forma, então existiria em outra forma. Comecei a observar os novos monges, tentando de um modo habilidoso me preparar para a minha passagem. Até que os médicos me disseram que não era câncer. Tampouco era normal, um tumor, mas não câncer. Eles o removeram e disseram para retornar em três meses e mantiveram-me em observação. E agora 20 anos se passaram...

VJD: Vinte anos! Puxa!

ICK: Para mim, aquele tumor foi como um dia de plena atenção, lembrando-me de ser mais cuidadosa com a minha saúde e com o viver. Essa prática é ensinar a tocar na felicidade. Então, tentei aconselhar as pessoas, como eu mesma exercito, a plena atenção e a ficar em contato com o que é maravilhoso. Em qualquer idade você pode ser jovem, esse é o seu espírito. Uma irmã fez um bolo e disse: "Ah, esse é como o bolo da minha infância!" Aí pegamos um pedaço e saboreamos tal como uma criança faz. Em todas as idades, você pode ser alegre. Na juventude, tem aquela alegria simples de ser jovem. Mas, quando tiver envelhecido, continue sendo alegre.

Não há o que temer em relação à velhice. Aos 40 anos, tem-se o frescor da beleza, mas não muita maturidade. Aos 50, temos um pouco de jovialidade, mas a pele é menos macia do que aos 20. Aos 70, a saúde não é tão boa como aos 50, mas é razoável. Cada idade tem sua beleza. Uma árvore nova que está crescendo é algo belo. Uma árvore velha de 70 ou 80 anos, porém, é mais bela. Ela tem uma história tremenda por todos os anos de existência.

Tive um sobrinho-neto que morreu muito jovem. Seu pai, meu sobrinho, me disse que todas as boas qualidades de seu filho se transferiram para seu irmão mais jovem, que se tornou muito generoso e muito zeloso. O menino que morreu era muito amoroso e generoso. Um funcionário do hospital perguntou se a família doaria seus rins e seu fígado para outras crianças, e meu sobrinho concordou. Mas depois disse: "Como eu poderia dar o corpo do meu filho a alguém?" Creio que o espírito do menino o ajudou a concordar e doar. Um ano antes de eu nascer, minha mãe abortou um menino. Talvez naquele momento, um ano antes, minha mãe tivesse engravidado de mim, mas meu coração não era muito bom e eu não queria vir com um coração fraco. Então me retirei e depois reapareci.

No budismo, acreditamos que não somos um, não somos separados nem diferentes. Aquele pequeno menino é você e, aos 20 anos, é também você. E vocês não são a mesma pessoa, tampouco são diferentes. É claro, há nascimentos e mortes repentinos, mas isso está tomando novas formas. Segundo o ensinamento do Buda, não há um eu separado. Então, você pode renascer em outro filho, em outro amigo. Não é diferente, não é o mesmo, mas não diferente. Então, tenho certeza de que, quando souber que vou morrer, ficarei chocada. Mas não por muito tempo. Os que não conhecem o profundo ensinamento do Buda padecem dessa dor a vida inteira. Mas, na minha vez, acho que o choque será breve, e então prosseguirei.

VJD: O morrer é, portanto, ainda uma maneira de praticar, ainda uma maneira de saber...

ICK: Sim, sim. Uma maneira de tornar a vida bela mesmo se você estiver na pior situação. Se você tem uma vida espiritualizada em vez de reclamar do seu destino, então sabe o que fazer para tornar a vida maravilhosa. Mesmo se estiver paralisada, ainda pode movimentar sua mão. Ou, se não puder mover sua mão, pode abrir a boca para falar. Se nem isso é possível, pode piscar para comunicar algo.

Minha mãe faleceu de um modo muito feliz. Eu não podia visitá-la todos os dias, já que vivia em Plum Village. Convidei-a a vir aqui, mas como não se sentia confortável com os monges, ficou com sua filha e com seu filho. E, toda vez que eu lhe telefonava, ela ficava muito feliz. Na ocasião de seu aniversário, em vez de mandar-lhe um bolo, escrevi a história de como encontrou meu pai, inserindo na carta todas as coisas maravilhosas. Tento ajudar meu sobrinho, minha sobrinha, meu irmão e minha irmã enquanto cuidam dela. E vejo a continuação dela em cada um deles. Ela teve nove filhos, e todas as crianças compartilhavam o que tinham com os pobres, como ela fez. Eu lhe disse: "Mãe, você não tem apenas um coração. Tem mais nove corações! E então você tem a continuidade, agora 64 corações para dividir, para doar aos pobres."

Eu lhe falei: "Mãe, antigamente você cozinhava muito bem. Agora não pode segurar a faca para descascar cenoura, mas é a mesma mão que cozinhou tão bem para todos nós. Veja, você será para sempre." Para mim, é como o velho carro. Agora o carro novo da neta está chegando, e seus olhos se parecem com os olhos de minha mãe há 80 anos. A alegria que tinha é agora a alegria dessa menina. Aqui em Plum Village, somos treinados para cuidar. Uma monja aceita a mãe de outra como sua mãe, o pai é o pai de todas. Algumas irmãs trouxeram suas mães e seus pais para cá, e fazemos o máximo para criar um lar alegre para eles. Tornar a vida e a morte somente uma continuidade de uma jornada maravilhosa, ajudando-os a tomar uma nova forma para que a vida continue. Em meu funeral, gostaria que todos dissessem: "Feliz continuação, Irmã!" [Ela ri.] Hoje de manhã, uma irmã a quem dei treinamento cantou, e vejo seu sucesso no canto tão lindamente como o meu próprio sucesso. Se as irmãs estão felizes, contentes e bem-sucedidas, então isso é também minha continuação.

VJD: Então você envelhecerá em Plum Village com alegria?

ICK: Com alegria, com canção, ensinando as palavras do Buda. Sim, continuando a cada dia, e então me aproximando da quietude, do último suspiro, do tempo de mudar, e para sempre.

John Welwood
A história da vida e morte

"Cada momento é completamente novo. Este momento, este agora, nunca será o que foi novamente."

"A prática espiritual essencial, quer para jovens ou velhos, é aprender a navegar sobre a onda e estar em harmonia com ela, estar unido ao que sucede a cada momento."

"Aprender como estarmos completamente presentes à nossa experiência é a melhor prática para morrer, assim como para viver."

JOHN WELWOOD é psicólogo clínico, escritor e praticante budista. Autor de sete livros, incluindo o best-seller *Journey of the Heart: The Path of Conscious Love*, é também uma autoridade e precursor em psicologia oriental/ocidental. Sua escrita volta-se para a conexão essencial e dinâmica entre psicoterapia e prática espiritual. Welwood nasceu em Massachusetts, há quase 60 anos, completou sua educação universitária no Bowdin College, realizando um ano de estudos na Universidade de Paris. Mudou-se para o Meio-oeste onde fez sua dissertação de mestrado e tese de doutorado na Universidade de Chicago, escrevendo uma tese singular que desafiou as doutrinas psicanalíticas tradicionais. No ano seguinte, foi para o norte da Califórnia, onde tem ensinado em quatro diferentes universidades e institutos de treinamento profissional, além de conduzir uma clínica particular. No início dos anos 80, foi diretor do Programa de Psicologia Oriental/Ocidental, no California Institute of Integral Studies, em São Francisco, por muitos anos.

Numa manhã ensolarada de setembro, percorri o trajeto que sai de Berkeley, atravessa a ponte San Rafael até chegar ao condado de Marin, onde John vive. Era uma época em que todas as notícias tratavam da iminência de uma guerra com o Iraque e a vida parecia tênue e, ao mesmo tempo, tensa. Mas, ao dirigir pelas colinas junto à costa, contemplando os dois gaviões descendo do céu num vôo rasante, cada minuto falava de paz idílica. O sorriso de boas-vindas de John ao me levar para dentro de sua casa facilitou o início de nossa conversa.

Victoria Jean Dimidjian: Você poderia falar um pouco, inicialmente, sobre como se decidiu por ambos, budismo e psicologia, e de que maneira os aproximou?

John Welwood: Minha própria jornada começou enquanto muitos de nossa geração se voltavam para o Oriente. Em 1963, fiquei um ano em Paris. Estudava o existencialismo, que era muito significativo para mim, mas havia também chegado a um ponto em que sentia que a jornada heróica existencialista para gerar sentido num mundo sem sentido chegava ao fim. Então deparei com o livro de Allan Watts, *Psychotherapy East and West*, numa livraria em Paris. Percebi que o problema não era tanto o absurdo do mundo quanto as distorções do ego. Isso causou em mim um enorme impacto.

Descobrir o zen lendo Watts e D. T. Suzuki me proporcionou uma perspectiva totalmente nova. A idéia de que podemos descobrir nossa verdadeira natureza, percebê-la através da experiência, isso era revolucionário. Eu estava também profundamente influenciado pela noção de Watts de que a psicoterapia podia ser uma força latente para o despertar, especialmente para os ocidentais.

Decidi então fazer a graduação em psicologia. Na Universidade de Chicago, encontrei Eugene Gendlin. Quando o ouvi pela primeira vez, expondo sua compreensão acerca do processo da experiência, senti que havia entrado num mundo inteiramente novo. Jamais ouvira alguém falar sobre o processo da experiência antes e, muito menos, daquela forma eloqüente. Ele também fazia um trabalho pioneiro, ajudando pessoas a se sintonizarem com a experiência sentida corporalmente, e a se apoiarem nisso para encontrar a direção para o crescimento e para a mudança. Ele me ajudou a compreender e a trabalhar com o processo verdadeiro da experiência e da mudança de personalidade que ocorrem na psicoterapia. Foi meu primeiro professor de verdade.

VJD: E você praticava o budismo nessa época?

JW: Na maior parte do tempo lia e estudava. Nessa ocasião, o budismo, para mim, ainda era teoria. Eu freqüentava o Zen Center de Chicago, sem assiduidade. Só encontrei um professor budista anos mais tarde, depois que me mudei para a Costa Oeste e comecei minha carreira no ensino e na clínica aqui. Foi o professor tibetano Chogyam Trungpa Rinpoche quem causou em mim o maior impacto. Jamais havia encontrado um ser humano tão intrigante, impenetrável, desafiador e provocante! Nunca se sabia o que ele faria ou diria em seguida. Em certa ocasião, entrei numa sala para uma entrevista com ele, mais cedo, e senti como se o espaço tivesse se expandido, como se as paredes tivessem simplesmente caído. Sua presença era impressionante.

Ele insistiu que sentar em meditação na almofada era o caminho. E eu era bastante resistente a isso, naquele tempo. Não fazia muito sentido para mim. [Ele ri.] Tinha a impressão de que era algo muito antigo e achava que devia haver um caminho mais de alta tecnologia para nosso esforço de mudar a consciência. Mas me sentia tão intrigado e desafiado por Trungpa Rinpoche que finalmente decidi tentar meditar. Como posso ser um investigador da consciência, pensei, e não descobrir o que é, afinal, a meditação?

A meditação abriu meu mundo de um modo totalmente novo. Temos esse instrumento incrível, chamado mente, que nos permite experimentar tudo, do céu à Terra, e tudo o que há entre os dois. Mas isso nos é dado sem quaisquer instruções para acioná-la. A meditação começou a me proporcionar um meio de trabalhar com a mente. Continua, desde então, sendo uma trilha importante.

VJD: Você tem um professor atualmente?

JW: Estudo hoje em dia com um professor Dzogchen, chamado Tsognyi Rinpoche.

VJD: Você tem unido psicologia e budismo há quase 30 anos. Em que estágio se encontra em seu trabalho?

JW: O trabalho psicológico é um processo de desdobramento, um processo de soltar sua experiência e descobrir o que está lá, oculto ou implícito em seu interior. É como desfazer uma mala que foi feita há muito tempo e você esqueceu o que tem dentro dela. Fica-se surpreso ao descobrir o que há ali, ainda que, quando encontra essa coisa, tenha uma sensação de reconhecimento. Esse processo de desdobramento acontece numa seqüência, no tempo, através de um processo de inquirição, passo a passo, no qual você coloca certas questões e penetra em seu saber sensório-corporal para deixar as respostas emergirem. Chamo a isso "trabalho horizontal", porque a descoberta é gradual, um processo evolutivo de desdobramento que acontece em etapas.

A prática meditativa ou qualquer trabalho espiritual profundo é mais vertical, já que envolve cortar através da matéria-prima da mente e penetrar em estados mais profundos de presença, no ato, em vez de tentar explorar ou entender experiências específicas. A prática da meditação é treinar olhar para dentro de sua experiência atual, não desembrulhá-la ou resolver suas questões, mas deixar que caiam todos os conceitos de modo que você possa estar com o ânimo renovado no momento.

O modo como atuo é uma integração do trabalho psicológico com o espiritual num sentido particular. Há um processo de desembrulhar, desdobrar, em que seguimos o processo da experiência bem de perto, mas o fazemos em função do desenvolvimento de uma qualidade de presença mais profunda, fazendo contato direto com nosso ser essencial. Isso é muito mais significativo do que apenas desfazer as malas. Entretanto, desfazer ou desdobrar pode ser um veículo para o que chamo de "mudanças verticais" — momentos em que alguém mergulha numa qualidade de conexão mais profunda com quem é, em essência.

O trabalho espiritual diz respeito mais à descoberta de quem você realmente é, e de entregar-se a algo maior do que você. Permite que aconteçam as mudanças verticais que cortam transversalmente, levando-nos à essência do que somos — presenças puras, não-conceituais, e consciência atemporal —, que está subjacente a tudo o que pensamos, fazemos e vivenciamos. É uma dimensão de amplitude espacial e profundidade.

VJD: Parece-me que você está falando de um processo de toda vida.

JW: O processo da descoberta nas dimensões horizontal e vertical é infinito. Desvendar as verdades ocultas em nossa experiência de vida pode posteriormente começar a deixá-lo cair num nível mais profundo de estar inteiramente ali só consigo. Desfazer as malas prepara o caminho para um aprofundamento, de modo que você esteja mais presente em, com e para você mesmo. E essa capacidade de conectar e de se firmar em seu ser no momento presente é a solução derradeira da maioria de nossos problemas. Quando isso realmente acontece, resolver questões deixa de ser a principal preocupação. De fato, não sei se jamais realmente solucionamos qualquer questão — exceto na medida em que elas se resolvem por si. Mas, quando é capaz de estar presente consigo mesmo, você se relaciona com suas questões de outro modo. Elas não mais o impedem de ser, de ser feliz, de estar em paz. Paz e felicidade apenas emergem quando estamos assentados em nossa natureza mais profunda.

Em meu trabalho, essa conexão mais profunda resulta do desfazer, compreender e ver para onde algo está caminhando ou para onde isso leva. Ao entrar em contato direto com o que é realmente verdadeiro para si, desenvolve-se uma maior capacidade de estar em harmonia com o que sucede a cada momento, levando a aberturas repentinas. A mudança corta inteiramente sua fixação em estados mentais específicos e você se descobre situado num lugar inteiramente novo.

Tentar levar a cabo o desenvolvimento espiritual empreendendo uma guerra conosco é sempre um erro. Não mudamos tentando mudar a nós mesmos ou lutando com quem somos. Mudamos, antes, ao sermos levados a conhecer, aceitar e abraçar plenamente quem somos.

VJD: Você acha que a capacidade de entrar nesse lugar mais profundo tem alguma conexão com o processo de envelhecer e amadurecer?

JW: Não, acho que independe da idade. Minha experiência não confirma que as pessoas que vivem as últimas fases da vida tenham mais acesso a essa conexão. Qualquer um pode viver momentos atemporais de consciência pura e transparente em qualquer época. Até mesmo as crianças podem ter experiências místicas espontâneas.

Pode-se supor que viria com a maturidade. Mas a maturidade é nosso desabrochar como pessoas que podem se relacionar com a vida plenamente. Onde o amadurecimento tem uma função é em nossa capacidade de integrar realizações e práticas espirituais em nosso dia-a-dia. É de esperar que esse tipo de integração aconteça ao envelhecermos.

Nos primeiros anos de prática espiritual, senti a excitação da descoberta, mas foi difícil torná-la completamente parte da minha vida. Muitos que investigaram os ensinamentos orientais se debatem nesse ponto. Quando em primeiro lugar recebíamos os ensinamentos, éramos apenas neófitos. Era como a excitação de recém-convertidos. Mas aí ficou claro, para mim e para muitos de meus colegas de busca, que a jornada espiritual não estava bem integrada em nossas vidas. Não vertia inteiramente para o modo como vivíamos, nos relacionávamos e agíamos no mundo. Então, a questão a ser aperfeiçoada é como você a integra.

VJD: Você vive a prática espiritual integralmente em vez de separar o reino espiritual dos outros aspectos da vida?

JW: Sim. Por exemplo, sempre participo de retiros, tenho experiências ricas e aí retorno com uma pureza ou clareza de consciência. Porém, é sempre difícil manter essa lucidez quando volto para casa. Numa cultura como a tibetana, não havia muita diferença entre estar numa caverna e em Lhasa. Afinal, as pessoas andavam em volta da cidade girando as rodas de oração! Mas, numa cultura como a nossa, que é tão materialista, cheia de tensão, confusa, é um desafio enorme manter uma prática e vida espiritual e integrar nossa compreensão espiritual em todas as facetas da nossa vida.

VJD: A nossa cultura hoje está diante de outro desafio que é o envelhecimento populacional. Queremos saber como viveremos nossos últimos anos e como vamos encarar o final da vida. O que você tem pensado a respeito do morrer consciente e o que seria uma boa morte?

JW: Não penso na morte como algo especial, separado da existência. A morte está acontecendo o tempo todo em nossa vida. Quando estamos atentos ao fluxo da vida, vemos que nada é duradouro. Cada momento finda e um novo momento surge. A pessoa que fui em criança não é quem sou agora. Quem eu era como estudante, em Chicago, morreu tempos atrás. Quem eu era no ano passado morreu, e quem eu era ontem também já morreu. A única coisa que persiste é a história em nossa mente, que estamos criando. É a mente que mantém o senso de continuidade, acreditando que quem sou, hoje, é o mesmo eu que fui ontem.

Embora eu tenha escrito livros a respeito do que você pergunta, não tenho a resposta na ponta da língua porque o que poderia dizer, neste instante, não é a mesma coisa que teria dito ontem ou hoje de manhã. A cada momento tenho uma nova tomada de tudo o que estamos conversando. Isso também torna o ato de escrever livros um desafio, pois, quando chego ao final do livro, minhas idéias sofreram uma grande alteração e refino, forçando-me a voltar e reescrever do início. E, ao final de cada rascunho, cheguei novamente a uma perspectiva diferente. Esse é um sinal da natureza aberta e ilimitada da realidade. É também por isso que a relação entre o psicológico e o espiritual continua sendo uma questão estimulante para mim pois não há, para tal, respostas finais.

Algo surge, parece verdadeiro por um tempo, e aí vejo um novo ângulo, que não tinha visto antes. A velha perspectiva morrera. Isso se aplica a tudo — nossos sentimentos, crenças, relacionamentos, sentido de vida e o que estamos fazendo aqui. Precisamos desenvolver uma sensibilidade para com a transitoriedade. Esse é o alicerce da vida espiritual. Mas, infelizmente, esse também pode se tornar apenas outro conceito estático: transitoriedade, ah, sim, tudo é transitório.

VJD: E é!

JW: Certamente! Mas o que significa de fato? Não significa apenas que as coisas morrem. Cada momento é completamente novo. Este momento, este agora, nunca será o que foi novamente. Falamos por meia hora e os pensamentos e percepções que tínhamos há poucos minutos já se foram.

Cada momento, portanto, surge completamente diferente, ímpar e novo. Mas nossos pensamentos fazem com que a vida pareça uma continuidade, tal como um filme que passa incessantemente. William James ressaltou como a mente cria a ilusão de continuidade. A consciência é uma corrente de momentos produzidos recentemente, mas parece ser contínua, diz James, porque cada pensamento se agarra ao pensamento anterior, como numa corrida de revezamento, e o leva adiante. Esse ato de passar adiante o bastão faz com que o fluxo de consciência pareça contínuo.

VJD: Sim, e a corrida é linear também. Vamos daqui para lá.

JW: Sim. Então a morte é o fim do corpo e do eu nesta forma particular, mas a consciência não é algo sólido, contínuo ou duradouro. Reconhecer isso nos desperta, enquanto que se pensamos que existe só um grande filme passando ficamos inclinados a adormecer nele e deixamos de notar como cada momento é vibrante e sem um fechamento.

O desafio, então, é viver cada momento e estar desperto para esse momento tal como é, descobrindo que não há algo a que se aferrar. Este é um modo de ver a morte como parte íntima da vida. Reconhecer a novidade de cada momento nos desperta dos sonhos e filmes que a mente cria. Podemos, então, olhar, ver, tocar e sentir diretamente. Quando soltamos nossas fixações em nossos pensamentos, e deixamos cair o bastão que o último pensamento lançou em nossa mão, vivemos um momento de morrer e de voltar à vida ao mesmo tempo.

VJD: Mas, para muitos de nós, isso parece mais difícil à medida que envelhecemos e encaramos a morte.

JW: Podemos acordar das projeções de sonhos em nossa mente a qualquer instante. Isso requer prática de abandonar as expectativas de como a vida deveria ser. Temos todo tipo de expectativa sobre a vida, pensando coisas como: eu não deveria estar morrendo; devia continuar vivendo; eu não devia sentir; devia ser feliz. Mas a energia e a palpitação da vida se movem em ondas, com altos e baixos, expansão e contração, fluxo e refluxo incessantes. Tentamos cortar a onda pela metade para não ter que vivenciar o ciclo da baixa, mas isso nos retira da vida, enrijecendo-nos. A prática espiritual essencial, quer para jovens ou velhos, é aprender a navegar sobre a onda e harmonizar-se com ela, estar unificado ao que sucede a cada momento.

VJD: E quanto à perda?

JW: Perda e ganho são os ciclos de alto e baixo da onda. A única maneira de aceitar a perda é se abrir para ela como uma experiência vivida corporalmente e estar presente à forma como é sentida, em vez de se agarrar a uma expectativa de que não deveria estar acontecendo.

Não quero sugerir que devamos ser prontamente capazes de fazer isso. Pode ser necessário nos trabalharmos muito antes que vislumbres tênues disso surjam. Requer que enfrentemos nossos hábitos de negar, de não querer estar presentes, unidos à nossa experiência tal como é.

Aprender como estar totalmente presente à nossa experiência é a melhor prática para morrer, assim como para viver. Preparar-se para a morte implica ser capaz de estar profundamente em contato com o que está acontecendo e ser capaz de reconhecer tal coisa à medida que ela ocorre. Então, enquanto o corpo se desfaz, seria possível vivenciar isso diretamente e mesmo se abrir para a experiência, em vez de se apavorar. Ser capaz de dizer "sim" para o que é: essa é a essência do caminho espiritual.

VJD: Parece que o empenho de aprender a ficar totalmente presente na relação com os outros é também um modelo de estar totalmente presente à morte.

JW: Sim, mas em todos os nossos relacionamentos, freqüentemente, queremos que eles sejam de uma certa maneira. Isso é muito proble mático, sempre querer que nosso parceiro seja de um certo modo, que o relacionamento vá numa direção determinada, que nossos filhos sejam conforme desejamos. Mas nada na vida jamais se encaixa à nossa imagem, muito menos à de outras pessoas. E constantemente brigamos com nosso parceiro, conosco ou com o fato de o relacionamento não corresponder às nossas expectativas. Então, quando estivermos morrendo, poderemos acabar dizendo: "Não é assim que deveria ter sido. Não achei que terminaria desse jeito!"

VJD: Então, talvez tudo o que se escreve sobre a boa morte, a morte consciente, poderia ser enganoso?

JW: Sim, pode ser. Assim que formulamos idéias a respeito da "boa morte", criamos outra série de expectativas em torno de como viver à altura. O poeta Rilke escreveu sobre a importância de todos encontrarem sua própria morte individual. Aprender a estar inteiramente presente à nossa experiência é a melhor prática para morrer, assim como para viver. O 13º poema de sua obra *Sonetos a Orfeu* começa dizendo:

> Antecede toda despedida, como se já estivesse,
> Atrás de você, como o inverno que agora mesmo passa.
> Pois entre os invernos há um tão eternamente invernal,
> Que, tendo-o feito invernar, seu coração sobreviverá.

Tenho um amigo que gravou num CD a orientação de vários mestres, guiando o ouvinte pela experiência da morte. O problema com esse tipo de iniciativa é que dá às pessoas idéias definidas sobre o morrer que poderiam interferir na experiência da morte singular do indivíduo. Esse é um dos momentos mais importantes na vida, a derradeira passagem que fazemos. Pessoalmente, não gostaria de viver a versão de outra pessoa desse momento!

VJD: A parte agradável disso é que vivemos numa época de aberturas, de encontrar as palavras. Quer seja sexo ou nascimento, menopausa ou morte — todas essas coisas das quais anos atrás ninguém falava. Mas isso não parece uma idéia bastante ocidental, de manipular as coisas, um processo sistemático?

JW: Sim, é bom que possamos falar abertamente sobre a morte. Mas o perigo é que criamos um modelo de como proceder em relação a ela. Indústrias inteiras crescem em torno de coisas semelhantes! O ponto principal é que a morte é o tempo de deixar de lado todas as suas idéias e expectativas.

O perigo com relação a falar demais sobre a morte, portanto, é que tentamos fazer dela algo conhecido e empacotamos a experiência em conceitos familiares. É como falar sobre Deus e imaginar que realmente sabemos do que estamos falando, quando a realidade está totalmente para além de todos os nossos conceitos, o que pode nos impedir de vivenciá-la com renovado vigor: esse é o perigo. Falar, ler e preparar-se é bom até certo ponto. Mas imagino o morrer mais como dar um salto para o qual nada, afinal, pode prepará-lo. Se você tomou algum dia uma droga psicodélica, por exemplo, pode imaginar mil coisas sobre o que acontecerá e como pode se preparar. Mas, quando a experiência é deflagrada, esqueça! Esqueça tudo o que pensou a respeito; a experiência é muito além de tudo aquilo!

VJD: Dediquei a vida à educação, e educadores são famosos por esse tipo de coisa. Um programa para isso, um currículo para aquilo.

JW: Exatamente. Educação, tal como a morte, não tem a ver com produtos e fórmulas. Morrer sua própria morte é se abrir para o que está certo à medida que está acontecendo.

VJD: E quanto mais você tenta controlar, mais difícil se torna.

John Welwood: A história da vida e morte

JW: E mais esquisito! Porque a experiência toda transcende o controle. Requer ceder para a experiência. Então, a preparação é aprender a estar no momento, sem qualquer "deveria". Estar pronto para a morte, tendo-a como a parte final de nossa jornada, o último desconhecido, resulta do aprender a viver e a estar presente.

VJD: Você tem sido um líder na integração das idéias orientais e ocidentais e na compreensão da vida em termos psicológicos e espirituais. Muitos profissionais trabalham hoje nesse campo, igualmente. Para onde esse campo se dirige, em sua opinião? Seremos, no Ocidente, capazes de extrair mais dele?

JW: As diferenças entre o Ocidente e o Oriente ainda são muito profundas. O Oriente enfatiza a libertação da condição humana, enquanto que as tradições espirituais ocidentais dão um valor especial à encarnação humana em si e estão mais interessadas em cumprir o sentido desta encarnação do que ir além dela ou libertar-se dela.

De início, fiquei completamente atraído pela forma como o Oriente se encaminha para o despertar, e isso ainda é um foco axial em minha vida. Mas, ultimamente, estou mais preocupado em como devo integrar o despertar espiritual na vida cotidiana. Voltei às minhas raízes ocidentais para perguntar como minha compreensão das coisas como ocidental, que está emaranhada em minhas células e meus ossos, se encaixa com a visão oriental das coisas. Algumas pessoas tentam abrandar essas diferenças unindo-as sob a égide da Nova Era, transformando-as numa grande miscelânea. Mas as vejo como duas tradições muito diferentes.

Uma maneira de perguntar é: qual a relação entre individuação e liberação, entre se tornar uma pessoa e ir totalmente além da individualidade? Não quero ter que escolher entre as duas opções. O Oriente não fala muito sobre individuação, e o Ocidente não fala muito sobre libertação. Reunir as duas óticas é um passo evolutivo importante neste momento.

A humanidade descobriu a iluminação há milhares de anos e foi uma descoberta tremenda. Mas o que ainda não aconteceu é trazer essa iluminação para o concreto, fazer com que transforme a vida neste planeta. A questão é por que as descobertas espirituais feitas pela humanidade não afetaram o modo como o mundo funciona ou como as pessoas se relacionam entre si.

Minha impressão é de que desenvolver relações humanas mais conscientes é o próximo passo em nossa jornada evolutiva. Os relacionamentos entre pessoas nas organizações religiosas e comunidades espirituais não são melhores do que em outra parte, o que demonstra como é difícil integrar o insight espiritual em nossas relações. Com certeza, há ensinamentos e práticas de gentileza, compaixão, generosidade, amor altruísta e serviço, e isso é maravilhoso. Mas ainda se está no nível humanitário. Quando descemos ao nível das relações pessoais, do um a um, estamos em apuros.

VJD: Você está dizendo que alcançamos isso no patamar dos bons princípios, mas não na vida real?

JW: Como disse Rilke: "Que um ser humano ame um outro, eis a mais difícil de todas as nossas tarefas." A Ásia lida com os relacionamentos de modo distinto do Ocidente. Lá, cada um tem sua função determinada. A mãe tem seu papel; o pai, o dele. O filho sabe qual é seu papel e se relaciona com cada genitor de um modo específico. Está tudo grafado. Ou estava, até recentemente. Há uma hierarquia definida e todo mundo é mantido em seu lugar específico dentro da mandala da rede social.

Uma vez que se relacionam em função dos papéis e expectativas dos grupos, as pessoas não têm que lidar com questões pessoais ou emocionais que surgem entre elas. No que diz respeito a coesão social e estabilidade, esse sistema funciona muito bem. Ou tem sido assim no mundo pré-moderno.

VJD: Então, o eu é subserviente ao sistema do qual você faz parte.

JW: Isso mesmo. No Oriente, o grupo sempre tem mais importância do que o indivíduo. E o oposto exato vale para o Ocidente. Valorizamos o indivíduo e o desenvolvimento individual, questionando a autoridade e encontrando nosso próprio caminho. Enfatizamos a intimidade entre as pessoas. Claro que no Ocidente não somos nem um pouco melhores no convívio com o próximo do que os orientais. Mas o ponto forte nos relacionamentos ocidentais é seu potencial para uma intimidade genuína.

VJD: Certamente não é o que demonstra. As notícias só nos bombardeiam com histórias de como nos ferimos uns aos outros.

JW: O problema principal no planeta é que os seres humanos não aprenderam a convivência mútua. Para termos relacionamentos mais iluminados, creio que precisamos unir a ênfase ocidental na individuação — o processo de se tornar uma pessoa verdadeira e aprender a ser você mesmo — com a ênfase oriental na libertação, a jornada de ir além, focando inteiramente em si mesmo.

Ao aprender a abrir-se para o outro e para si, um relacionamento pode ser uma prática espiritual. Historicamente, a maioria das tradições religiosas considera os relacionamentos — sexuais, pelo menos — um tipo de distração que desvia a energia do direcionamento espiritual.

VJD: Você descreve, a meu ver, o que é necessário para os dois lados do mundo se quisermos sobreviver. O que é necessário parece simplesmente impossível de acontecer.

JW: É nesse aspecto que a integração da psicologia com a espiritualidade poderia ser válida. O processo do despertar — tanto no plano individual como no coletivo — envolve a realização da presença universal desperta, que é a própria essência de nossa natureza. Isso nos auxilia a estar totalmente presentes com reciprocidade.

Ao mesmo tempo, contudo, muitos padecem de mágoas tremendas, resultantes de relações interpessoais. A mágoa humana tem sempre a ver com relacionamentos. A mágoa é sempre relacional, diz respeito ao amor. Se não nos dedicarmos e curarmos essa ferida em torno do amor, será difícil estar totalmente presente junto ao outro, a despeito do grau de realização obtido na meditação. Isso requer certo trabalho psicológico em nós mesmos, vendo onde nos fechamos e por quê, e voltando nossa atenção e consciência a esses lugares magoados.

VJD: As pessoas conduzem suas mágoas, quase sempre culpando alguém mais.

JW: A mágoa é sempre referida ao amor. É claramente universal, mas é pior no Ocidente porque nossos padrões de criar filhos e o ambiente de apoio da cultura de modo geral são muito deficientes. Andamos por aí com uma sensação profunda de não sermos amados, nos sentindo indignos de amor ou merecedores, incapazes de amar a nós mesmos. E isso nos fecha e nos isola de nossa natureza essencial mais profunda.

Uma vez que nosso sentimento de não sermos amados do jeito que somos se desenvolve em nossos primeiros relacionamentos com o outro, sempre levamos uma enorme carga de ressentimento para outrem. Pode ter começado com a mãe, na família, mas à medida que crescemos se generaliza para o "outro". Levamos conosco, por aí, uma idéia de "um outro mau", aquela pessoa que não me ama, que não me trata bem, que não me vê ou me respeita. E essa imagem do "outro mau" pode acender a qualquer instante e se projetar em alguém que cruze nosso caminho. A fúria da estrada é um exemplo disso.

VJD: E, no âmbito social, em rixas e guerras.

JW: Exatamente. Isso explica um dos grandes enigmas dos relacionamentos íntimos. Como duas pessoas que afirmam se amar mais do que qualquer pessoa no mundo todo, ao trocarem umas poucas palavras podem, de repente, avançar uma na garganta da outra? Por que a lua-de-mel sempre degenera numa batalha de vida e morte?

Para entender isso precisamos reconhecer o senso generalizado de injúria contra o outro malvado que trazemos dentro de nós, pronto para assumir o controle sem aviso prévio. Qualquer um pode se tornar o objeto de nosso incômodo. O processo do pensamento se dá, em geral, da seguinte maneira: "Eu sabia! Eu pensava que você era legal, que era uma boa pessoa. Mas é igual a todo mundo." Porém, o que subjaz a esse discurso, o que realmente está acontecendo é: "Estou magoado. Não sei se sou digno de ser amado porque nunca me senti verdadeiramente amado. E você está fazendo com que eu me sinta terrivelmente magoado pelo modo como me trata neste instante. Você é como todo mundo, eu vou lhe mostrar que não pode me tratar desse jeito..."

Esse tipo de projeção também acontece entre nações. Como cada indivíduo carrega essa ferida e esse ressentimento, dramatizamos isso também no âmbito global. Agora que a Guerra Fria acabou, temos que ficar criando monstros por aí! Psicologicamente, precisamos criar um adversário como uma forma de projetar nossa mágoa para fora e tentar levar vantagem para não nos sentirmos tão vulneráveis. Então, projetamos, retaliamos e tomamos a posição reta. No Oriente Médio e nas *jihads* mútuas do cristianismo e islamismo, vemos como os ressentimentos que ambos os lados abrigam continuam galopantes.

VJD: Você está dizendo, então, que a evolução da vida humana dará o próximo passo quer na direção de aprender a se relacionar, de amar uns aos outros e da ajuda mútua na resolução de conflitos, quer na direção da autodestruição?

JW: Todas as tradições religiosas enfatizam a importância de amar nossos inimigos, amar nosso vizinho como a nós mesmos, dar a outra face ou ter compaixão por todos os seres. Essas idéias são todas essenciais e verdadeiras! Como prescrições, porém, não surtem muito efeito. Não se pode amar o vizinho apenas por acreditar que se deva. Com freqüência, essas prescrições geram mais culpa, tornando até mais difícil

Uma jornada rumo ao Oriente

amar genuinamente. Você sente: sei que eu deveria amar meu vizinho. Mas a verdade é que, se eu não amo meu vizinho, isso significa que devo ser realmente mau. Aí, tentar amar seu vizinho termina fazendo com que você se odeie ainda mais.

VJD: Parece-me, então, que a questão é: você pode mergulhar totalmente naquela necessidade de amor e permanecer com ela?

JW: Podemos começar a qualquer momento. Mesmo que nos defendamos dela, a enterremos e a neguemos, nossa necessidade de amor impulsiona tudo o que fazemos. Seja eu um diretor de empresa trabalhando 80 horas por semana, um político ganhando milhões de votos ou um autor de best sellers com dez livros na lista dos mais vendidos, a motivação é, no fundo, a mesma. Estou tentando receber amor, freqüentemente na forma de aprovação, respeito ou admiração. Essa é nossa maneira de compensar o sentimento de carência, o buraco dentro de nós, onde não nos sentimos plenamente amados.

O ímpeto para o poder também vem da mesma necessidade. Ser poderoso é um modo de conquistar o respeito das pessoas. Qualquer um pode começar, a qualquer momento, a descobrir sua motivação real. E, assim que começa e se aprofunda nisso, finalmente vai encontrar um lugar onde se sente desligado do amor. Trabalhar com isso pode efetivar uma cura real. Não requer que se vá para o alto de uma montanha para meditar por cinco anos. Trazer a conscientização e a compaixão para as situações de mágoa proporciona o tipo de cura necessária para que os relacionamentos frutifiquem neste planeta.

Quando pudermos, em definitivo, estar presentes ao lugar fechado, plena e diretamente, então haverá a possibilidade de curar onde encontramos a nós mesmos de um modo mais profundo e novo. O foco no outro como fonte de nossa felicidade ou nossa dor nos distrai desse imperativo mais profundo encontro conosco. Quando podemos sentir e reconhecer o lugar em que estamos isolados e fechados, e desembrulhar a dor e as velhas mágoas ali estocadas, ficamos presentes num lugar de onde nos ausentamos. Assim, uma porta é aberta por meio da qual temos acesso a nossa mais profunda natureza — que é cheia de abertura, amor e presença.

Desse modo, a cura cruza com o despertar. Descobrimos a verdadeira fonte do amor. Essa fonte é confiável porque não desaparece. Baseados nesse solo, podemos nos tornar seres humanos completos, que podem estar presentes aos relacionamentos enquanto também somos fiéis à nossa própria natureza. E isso pode fazer com que a sabedoria espiritual flua mais plenamente neste mundo.

É apenas nessa pecularidade da história humana que podemos investigar a interseção de psicologia e espiritualidade, de relacionamento humano e libertação de tornar-se uma pessoa e ir inteiramente além da pessoa. Até hoje o Oriente enfatizou uma direção, enquanto o Ocidente enfatizou outra.

Ser humano é ser humano e mais-do-que-humano ao mesmo tempo. Viver na dualidade e na não-dualidade simultaneamente. Esse é o *koan* (enigma) para a evolução da humanidade. Esse é o território desconhecido ainda aguardando para ser explorado.

Norman Fischer
Ser zen todo dia

"Sempre que você enfrentar o que chamamos, convencionalmente, de morte de alguém, considere isso um privilégio enorme porque é uma chance de ver a verdade muito de perto e com profundidade. Essa pessoa é seu professor."

"Quando você está verdadeiramente ciente da morte, há um embate sério e profundo com a vida."

POETA E ANTIGO ABADE do Zen Center de São Francisco, Norman Fischer é fundador e professor da Fundação Everyday Zen, uma organização religiosa dedicada a compartilhar amplamente o ensino e a prática zen. Além do zen tradicional, ensina meditação judaica e coordena grupos de líderes de negócios, advogados e profissionais da saúde trabalhando com os moribundos. Ele escreveu uma dúzia de livros de poesia e é o autor, mais recentemente, de *Taking Our Places: The Buddhist Path to Truly Growing Up*. Ele vive em Muir Beach, na Califórnia, com sua esposa Kathie.

Dirigi pelo Mill Valley para entrevistar Norman Fischer, num daqueles dias bonitos de inverno em São Francisco, quando o sol cintila por meio do vento limpo e frio, fulgurando o azul profundo das correntes da baía. Eu o encontraria em seu escritório — que também é sala de aula — onde a Fundação Everyday Zen tem sua base. Está localizado no fim de uma rua sinuosa, com portas de vidro que Norman abriu para me receber, enquanto suas mãos se estendiam para me cumprimentar e oferecer chá. Seus olhos castanhos e penetrantes ficavam mais calorosos quando compartilhávamos novidades de conhecidos comuns. Seu sorriso e o constante fluxo de suas palavras preenchiam o pequeno escritório onde passamos a tarde falando sobre sua vida, seus escritos e seus ensinamentos até o sol mergulhar sobre a encosta e a neblina tomar a paisagem, tornando a viagem de volta a Berkeley muito, muito lenta.

Victoria Jean Dimidjian: Você ocupa várias funções diferentes em sua vida. Como elas se coordenam?

Norman Fischer: Sim, eu sei. Muitas partes, muitas correntes. Provavelmente correntes demais! Tenho que imaginar exatamente quem devo ser a cada dia. Em geral, são várias pessoas. Hoje foi um desses dias. Em minha casa, tem muitas pastas que deixo em fileira no estúdio e, em determinados dias, empacoto várias, cada qual repleta de livros, papéis e fitas associadas a vidas diferentes, pessoas diferentes. Saio de manhã levando um pacote para isso, outro para aquilo, este aqui também para algo diverso. É na verdade bem divertido, um desafio.

VJD: Lendo a respeito de sua vida, uma fonte informa que você nasceu em Pittston, Pensilvânia, enquanto outra disse Wilkes-Barre. Poderia voltar ao início para nós?

NF: Pittston não tem um hospital, então nasci em Wilkes-Barre, mas cresci em Pittston.

Meus avós eram imigrantes do Império Austro-húngaro. E por algum motivo uma comunidade de pessoas daquele lugar e de outras parte da Europa Oriental se fixou na área de Wilkes-Barre, que fica a nordeste da Pensilvânia, ao norte da Filadélfia e ao sul de Nova York. A comunidade judaica era pequena, mas entrelaçada. Já se dispersou hoje em dia. Meus pais eram da geração que sucedeu os primeiros que estabeleceram a comunidade e fundaram a sinagoga. Eles cresceram junto com os filhos dos imigrantes daquela localidade. Nessa comunidade é que fui criado.

Pittston era uma cidade da classe operária. Muitos poloneses, vários irlandeses, italianos. Predominantemente católica. Como freqüentei escolas públicas, então os meus amigos, à medida que fui crescendo, eram uma mescla de pagãos, com os quais eu ia à escola de uma comunidade judaica que era o centro religioso e social de nossas vidas. Embora houvesse respeito e relacionamento cortês, de modo geral meus pais nunca se misturavam com os não-judeus, e isso era emblemático. Todas as comunidades eram bastante separadas.

VJD: Sua descrição de sua própria comunidade judaica e ainda que existiam as conexões de cidade pequena é desse modo, em parte, que você tem sido capaz de se projetar alcançando, na trajetória de sua vida, tantas tradições espirituais e culturais diferentes?

NF: Para falar a verdade, não posso considerar assim. Minha melhor aposta é que tem a ver com poesia. Entrei para a prática religiosa não devido à religião, mas por causa da poesia. A poesia era meu caminho para a investigação. Eu estava sempre explorando, sempre tentando imaginar o que estava sucedendo, o que era real, o sentido da vida. Desse modo, não se tratava tanto de ser fiel a essa ou àquela religião, como de querer apenas descobrir o que, na realidade, está acontecendo. Desde a mais tenra idade vi que as explicações habituais — ou falta de explicações — não se sustentavam.

Uma jornada rumo ao Oriente

E, quando se trabalha como poeta, com certeza você tem uma tremenda sensibilidade à língua. Então, eu via as diferentes tradições religiosas como línguas. Se alguém me perguntar: "Como é possível ser budista e judeu ao mesmo tempo?", eu respondo: "Ora, há pessoas cuja língua nativa é o francês, mas são fluentes em alemão. Elas têm alguma estima real pela cultura germânica por dentro, mas sua língua é o francês. Se passarem tempo suficiente na Alemanha, aí o alemão torna-se também sua língua, seu ponto de referência. E isso muda o modo como falam e compreendem a língua francesa. Como alguém pode ser bilíngüe? Parece possível e, até mesmo, natural."

Minhas crenças religiosas são como esse exemplo. Cada religião tem sua própria integridade, sua própria *gestalt* e não se pode misturá-las, apesar de que, tal como ocorre com as línguas, há sempre uma certa quantia de empréstimo. Mas você pode falar mais de uma.

Acho, portanto, que a sensibilidade às línguas me proporcionou uma maneira de encarar a religião diferentemente do que eu teria se estivesse me aproximando da religião antes de tudo como um crente, um membro dentre os fiéis. Nunca me aproximei de qualquer religião na condição de membro dos fiéis.

Na infância, cresci recebendo a educação de um judeu. Isso simplesmente me foi dado. Aceitei tudo sem questionar. Eu era também um menino, não uma menina; aceitei isso igualmente. Nunca me ocorreu argumentar com tais coisas. Logo que comecei a pensar, contudo, passei a refletir sobre o que é realmente este mundo. Jamais me passou pela cabeça que o judaísmo não tivesse nada a ver com isso, assim como ser um homem não tem nada a ver com isso em particular. Essas coisas eram simplesmente dadas.

A poesia me levou ao budismo, que pratiquei como um modo de investigar a realidade mais do que como alguém que se converteu ao budismo, deixando de fora sua religião anterior. Nunca senti como se tivesse me convertido a qualquer coisa. Estava apenas seguindo meu faro.

VJD: Quando criança, então, você tinha uma família com tradições religiosas definidas?

NF: Ah, sim! Eu tinha um mentor vigoroso, o rabino de nossa congregação, Gabriel Maza, um homem bastante inteligente. Para se ter uma idéia de sua sensibilidade, permita-me que lhe conte que seu irmão é Jackie Mason, o comediante. E ele é exatamente como Jackie! Inteligência incansável, uma tremenda sagacidade, muita energia — tudo isso junto! E em nossa comunidade ele sobressaía. Era jovem, com muita leitura e curiosidade. Mas a comunidade não era educada e nem um pouco do tipo intelectual. E ele queria alguém com quem pudesse conversar. Eu tinha 12 anos e ele disse: "Eis alguém com quem posso conversar." Então tivemos uma relação muito intensa de estudos, aulas particulares de judaísmo, que acabaram se tornando aulas particulares de tudo. Estudamos Aristóteles, todos os tipos de correntes de pensamento judeu, tudo isso sob o disfarce de que estudava para o meu Bar Mitzvah, que levou cerca de quatro anos!

Ele foi muito influente em minha vida. Ainda está vivo, e somos íntimos até hoje. Quando viajo para Nova York, geralmente vou visitá-lo. Ele se fixou em Long Island, trabalhando com a congregação local há 40 anos.

Tive realmente, portanto, um forte senso de educação religiosa, mas desse modo. Muito aberto. Ele era muito piedoso, judeu obediente, mas também muito inteligente, muito interessado no mundo, com um raio de observação muito amplo e questionador. Isso me ajudou a ver a vida desse modo.

VJD: Como você se iniciou na poesia?

NF: Tudo começou quando aprendi a ler. Comecei a ler e isso abriu minha mente de imediato. Mas não havia livros em minha casa. Nenhum dos meus pais era educado, nenhum era leitor. Além disso, não havia, na ocasião, ao menos uma livraria em nossa pequena cidade! Mas, de algum modo, um livro caiu em minhas mãos. E eu o li. Um romance. E era um romance muito tolo. Chamava-se *Freckles*, de Gene Stratton Porter, um romancista popular dos anos 1930 que hoje é desconhecido do público.

E a experiência da literatura imaginativa insuflou minha mente! Pensei: isso é fantástico! Aqui está você andando em círculos, num mundo um tanto descampado, pequeno, e então, de repente, está num outro mundo. Aquilo realmente me impressionou. Eu saboreei aquele livro. Parecia ter demorado cem anos para terminar de lê-lo. Acho que foi mesmo o primeiro livro que li. Freckles era um madeireiro, ou algo assim.

VJD: Você tinha 7 ou 8 anos?

NF: É em torno disso. E isso me deu a idéia de escrever. É assim, creio, que você se torna um escritor. Você fica bastante impressionado ou comovido por uma obra, e aí pensa: tenho que encontrar uma maneira de fazer isso eu mesmo.

Acho, portanto, que toda arte vem da imitação, ou seja, de uma apreciação da arte feita por outra pessoa. E aí, desde cedo, isso acontecia comigo, embora fosse, de certo modo, uma coisa vaga, uma sensação mais do que qualquer coisa.

VJD: Como foi quando saiu de casa?

NF: É, eu estava bem ansioso para entrar no Colgate College porque não havia cultura e nenhuma possibilidade de aprender nada mais em Pittston, pelo menos que eu enxergasse. Sabia que me interessavam a filosofia, a literatura, a sociologia, pois havia estudado todas essas matérias! E era de fato um lance de dados no que eu me especializaria, porque estava estudando tudo aquilo.

Na época já escrevia seriamente. Escrevi, na verdade, um volume inteiro de contos e um romance antes de sair do colégio. E muitos poemas também. Tive um professor no Colgate, Fred Busch, que era um escritor jovem, inovador e vanguardista. Creio que ainda está vivo, apesar de não ter mantido contato com ele. E eu estava freqüentando as aulas de composição literária, na companhia de outras figuras literárias, escrevendo para revistas e jornais de literatura. Portanto, estava bastante direcionado para ser um escritor.

Quando saí de Colgate, eu me inscrevi no Workshop do Escritor da Universidade de Iowa. A idéia de somente ser uma pessoa religiosa ou de ter uma carreira religiosa não passava pela minha mente. Longe disso! Foi provavelmente a última coisa que esperava fazer.

VJD: Quando o budismo passou a ser parte de sua vida?

NF: Em Iowa descobri livros sobre o zen e achei aquilo sensacional. Pensei: é para esse propósito que venho trabalhando! Em Iowa encontrei uma pessoa que viveu em São Francisco onde praticou o zen. Eu não sabia que havia essa possibilidade. Até então eu compreendera o zen a partir da perspectiva ocidental, como uma filosofia. Concordava com a visão, pensava a respeito, empreendia esforços para conceber de que modo viver tal filosofia. Então, quando alguém disse "Não, não, há uma prática. Existe a meditação, há os retiros, tem uma pessoa em São Francisco que ensina isso", eu falei: "Ótimo, vou fazer isso."

Eu não tinha outros planos. Sem espírito prático, não pensava no futuro. Então disse: "Está bem, farei o zen conforme está escrito no livro, alcanço a iluminação, e vamos ver o que acontece depois."

Durante o final dos anos 1960 dediquei-me intensamente à política, o que me exauriu. Fui preso, apanhei da polícia, participei de reuniões intermináveis, manifestações etc. Sentia que adotar uma política desesperada, romântica e radical era algo muito cansativo para ser chamado de vida. Então pensei que ir para a Califórnia seria romper com tudo isso, onde recomeçaria com o zen. De alguma maneira, decidi encontrar um modo de viver nas montanhas e ser eremita — essa era minha meta, embora fosse bastante vaga.

Não conhecia ninguém, não tinha contatos. Bem, espere, tinha um! Um amigo, o rabino Alan Lew, que está atualmente em São Francisco. Éramos amigos íntimos em Iowa. Isso foi muitos anos antes de ele mesmo sonhar em se tornar um rabino. Tomamos, ambos, a mesma decisão de mudar para a Califórnia. Não fomos juntos e não fizemos planos. Mas ele se mudou, aí eu fui, e logo nos reencontramos e passamos tempos juntos. Por alguma razão, não tínhamos um trabalho, então podíamos ficar juntos por horas, dias, nessa ocasião.

Mas, além dele, não conhecia absolutamente ninguém. Um amigo de um professor em Iowa tinha um lugar onde eu podia morar, e inicialmente fiquei lá, em Eureka. Depois fui, de certo modo, andando ao léu, por lugares como o norte da Califórnia, norte da Bay Area, por uns três ou quatro anos.

Quando era estudante universitário, consegui uma bolsa de estudos incrível. Não sei se ainda existe. Chamava-se Danforth e era a bolsa mais magnânima do mundo. Incluía a mensalidade integral, aluguel de quarto e até mesmo um salário, o suficiente para viver bem e para estudar. E sempre gostei de estudar! Achei a universidade tola em muitos aspectos, e isso me deixou inquieto, pois era muito perfeita, muito bonita, mas estudar era fabuloso, sabe? Não poderia renunciar a um negócio como aquele. De todo modo, a saída era provavelmente arrumar um emprego no qual não tivesse qualquer interesse. Primeiramente, então, fui para a Universidade de Iowa, mas aí tinha ainda mais dois anos da bolsa Danforth. Depois de andar ao léu por três anos — e naquela época havia iniciado a prática zen e estava adorando, queria sem dúvida alguma continuar —, pensei bem, talvez possa voltar e obter outro mestrado com financiamento da Danforth.

Ingressei no programa combinado da Universidade de Berkeley e a Graduate Theological Union para o mestrado em religião, com especialidade em estudos asiáticos. Mas, na realidade, ao mesmo tempo eu estava e não estava no curso de graduação, porque o que de fato fazia era uma intensa prática no Berkeley Zen Center. Aquela era a minha comunidade e minha vida.

Conheci algumas pessoas muito compreensivas que se tornaram meus orientadores. Elas entenderam que eu não queria mesmo ficar indo à universidade, mas sim estudar budismo, e aí me permitiram estudar de uma maneira independente.

VJD: O Berkeley Zen Center ainda existe?

NF: Sim. O Berkeley Center foi inaugurado por Sojun Weitsman, que foi ordenado por Suzuki Roshi. E Suzuki Roshi efetivamente fundou o Berkeley Center para ser uma espécie de posto avançado do San Francisco Zen Center por volta de 1968 ou 1969. Quando fui ao San Francisco Zen Center, não gostei de lá. Achei o centro de Berkeley menos repreensível. Era mais simples e mais informal.

Todos em São Francisco eram muito sérios e piedosos. O lugar era fantasioso, e as estátuas de Budas, muito grandes. Até hoje uma estátua grande do Buda me parece um exagero. Berkeley era muito mais simples. Preferi esse lugar e foi onde pratiquei. E gostava bastante de Sojun. Eu o admirava. Ele correspondia realmente à idéia que eu tinha de um mestre zen, não falando muito, trabalhando no jardim, tocando sua flauta doce. Eu ia ao San Francisco Zen Center para ouvir palestras e participar de retiros de longa duração, porque gostava de ouvir o Baker Roshi dar suas palestras interessantes e desafiadoras. Mas, basicamente, vivi e pratiquei em Berkeley por quase cinco anos.

VJD: E ao mesmo tempo escrevendo?

NF: Sempre escrevendo! Ao prosseguir refletindo, estudando o zen e tendo uma sensação mais acurada de minha vida, a escrita de prosas foi se tornando menos viável. Percebi que escrever é lidar com palavras, e eu ficava atado às palavras. A prosa é explicativa, fica-se tentando fazer sentido, mas cada vez mais descobria que não poderia fazer aquilo. As palavras estavam atrapalhando. O que mais me interessava e impulsionava era a escrita intuitiva e não-diretiva, sentir por meio da linguagem, o que me encaminhou inevitavelmente para a poesia. Não havia como escrever prosa outra vez! Essa foi uma experiência muito enganosa. Praticar o zen realmente tornou a escrita de poesia possível, e mesmo necessária. Aí, a partir de 1972 ou 1973, apenas escrevia poesia.

VJD: Sua escrita tem sido, às vezes, uma interessante fusão de prosa e poesia, particularmente em *Whether or Not to Believe in Your Mind*.* Você ainda está fazendo experiências?

---

* Norman Fischer, *Whether or Not to Believe Your Mind*. (Great Barrington, MA: The Figures Press, 1987).

Uma jornada rumo ao Oriente

NF: Minha escrita têm sido sempre principalmente sobre descobertas, experimentando e descobrindo novas formas e diferentes modos de escrever. É uma anomalia que, praticando budismo, ensinando meditação budista e estando envolvido no diálogo com o catolicismo, minha escrita seja tão doida como é. Na superfície, não aparenta ser nem um pouco religiosa. Com freqüência, as pessoas me apresentam como um "poeta zen" nas audições e, por isso, a platéia às vezes vem com expectativas sobre como é que vai ser. E, aí, elas não conseguem imaginar, porque é muito inesperado. As pessoas que estão esperando algum tipo de poesia convencional com um sabor asiático ficam bastante surpresas, sem saber o que pensar. Então... [rindo] é tudo meio estranho! Não posso evitar, sabe?

VJD: Mas a estrutura que você dá às palavras é maravilhosa. É única em minha experiência. Tentar ver o fluxo, as partes da experiência...

NF: Estou apenas tentando conceber um modo de viver. Basicamente estou, desde aquela época, apenas tentando passar o dia! [rindo] É isso! Tudo advém em conseqüência daquilo. Não é nada que imaginei ou pensei exaustivamente. Não sou tão bom em pensar exaustivamente nas coisas.

Não é um problema para mim pessoalmente. As coisas têm funcionado bem. Tenho muitos amigos, mas acho que, na medida em que as pessoas são capazes de imaginar coisas a meu respeito, como, por exemplo, a que lugar pertenço exatamente ou a qual casa de cômodos pertenço, isso as confunde.

VJD: Você disse anteriormente que, pela palavra escrita, tomou conhecimento do budismo, e por meio da leitura viu uma nova realidade, concebeu um novo modo de viver. E você teve muitos professores na Califórnia e no decorrer da caminhada. Atualmente, passou a ocupar essa posição para outras pessoas...

NF: Sim, suponho que sim! É muito curioso. A meu ver, não faz sentido que alguém pense que é professor ou que entenda algo de forma definitiva. Isso me parece um absurdo, uma deficiência na avaliação de como as coisas são de fato. Entende o que quero dizer? Parece-me uma idéia ridícula.

Com certeza, deve-se desejar ocupar a cátedra de professor em benefício de alguém que precisa disso. Eu não digo: "Ah, eu não sou seu professor." Isso seria ir longe demais. Não fujo de alunos; isso seria cruel.

Estou disponível para as pessoas e temos esses relacionamentos no Dharma. Então, disso entendo. E vou adiante com as pessoas. Mas também entendo que estou apenas atuando lado a lado com os praticantes. Estou tentando compreender mais, tentando crescer em sabedoria e evoluir. Cometo erros, sou confuso. E estou convencido disso. Gosto de confusão. É relaxante! Ainda assim, estou sempre tentando entender e sempre começando do zero.

Toda vez que me sento para escrever um poema, não tenho uma idéia de antemão. Só estou tentando entender como se escreve. E quando estudo textos budistas não tenho um plano de ação, só tento entender. É esse o meu espírito.

VJD: Se pudermos nos dirigir para seus escritos e ensinamentos sobre a morte, gostaria de compartilhar uma história de algo que aconteceu esta semana, quando procurava alguns de seus livros nas livrarias de Berkeley. Uma mulher da Small Press Distribuitors não apenas encontrou uma dúzia de volumes que não consegui localizar em lugar algum, como também me relatou uma história bastante comovente do quanto você a ajudou e a seu marido quando ele morria de câncer. O nome dela é Laura...

NF: Ah, Laura Moriarity. É uma amiga querida, grande pessoa. E ela é uma escritora fabulosa. Tem muitos livros. A morte do marido foi uma situação terrível. Ele era muito jovem, talvez só tivesse 40 anos ou nem mesmo isso. Mas que mestre foi para nós! Ele era um poeta. Estava também investigando sua vida por intermédio da poesia, tal como eu.

Então, quando veio seu tempo de morrer, lembro-me das conversas que tínhamos. Ocasiões em que realmente chegamos no limite do que podia ser dito, quando ficávamos sentados durante horas em seu apartamento em São Francisco, enquanto a luz mudava na janela lentamente. E ele era tão sábio e tão poderoso em sua compreensão do que estava acontecendo! E sua visão era tão penetrante! Corajoso. Era inacreditável. Depois de todas aquelas conversas nós dois ficávamos num estado de paz profunda.

Quando estava no hospital, foi mais difícil porque, às vezes, ele estava delirante ou sob influência da medicação. Então apenas sentávamos juntos tranqüilamente ou falávamos um pouquinho. Essas são experiências que guardo com carinho no coração, pois são extremamente importantes para mim.

Muitas experiências semelhantes têm acontecido em minha vida. Cá estou, não só uma pessoa conselheira vindo fazer uma visita, mas tendo um relacionamento constante que explora vigorosamente essa questão do que é a vida e o que é a morte. Tem acontecido isso com várias pessoas, e guardo cada uma com carinho e delas me recordo realmente muito bem e penso nelas como professoras. Ainda.

VJD: Parece que a morte tem sido sempre um mestre para você. Isso tem sido sempre um caminho? Você sabe por quê?

NF: Não há um dia sem que eu reflita muitas e muitas vezes sobre a morte. Positivamente. Começou muito cedo em meu caso. Eu simplesmente tive esse aprendizado notável... Estava no México recentemente participando de um retiro e disseram: "Você poderia falar, por favor, sobre sua jornada espiritual e como você se tornou um mestre?" Isso foi exatamente o que ela disse! E pensei... Ah, meu Deus! Que idéia ridícula. Para mim, a coisa toda era maluca. "Jornada espiritual." "Mestre." Não faço a menor idéia do que esses termos possam significar. Em geral, ignoro solicitações desse tipo. Mas aí, por alguma razão, decidi falar sobre o tema. E aprendi várias coisas sobre as quais nunca soubera.

As duas coisas importantes que aprendi eram sobre a morte. Cresci vivendo com meus avós e com meus pais. Vivíamos todos na mesma casa. Desde que eu era pequeno meu avô estivera extremamente doente. Faziam sempre "Sshh" e ele era muito ranzinza, desagradável, infeliz, enraivecido. Era assustador para um pequeno menino. Ele morreu quando eu tinha aproximadamente 7 anos. Eu nunca havia pensado a respeito antes, mas tenho certeza agora... Mesmo que ninguém tivesse falado sobre isso, aquele sentimento na casa de que ele estava morrendo era permanente.

Esse foi um aprendizado sobre o qual nunca havia refletido até essa ocasião. E a outra coisa que aprendi foi o efeito que teve sobre mim ter nascido logo após a guerra. Meu pai era um soldado recambiado. Nunca pensei sobre quanta mágoa, negação e confusão ele escondia sobre as quais ninguém jamais falou. Não era algo de que eu, em algum momento, tivera consciência, mas tenho certeza de que absorvi tudo. Sentia tudo isso muito profundamente sem jamais nomear, até dezembro último, no retiro, quando decidi falar sobre a minha "jornada espiritual".

Então, penso que isso é parte de minha conexão com a morte. Pode ser isso ou talvez apenas carma. Eu nasci com isso, quem sabe? Mas desde a mais tenra idade a morte estava lá para mim. Pensei bastante a respeito, na infância. Era chocante para mim, eu estava indignado. Lembro-me de pensar que a coisa toda era uma idéia muito ruim, um plano falho! Em primeiro lugar, era altamente injusto. Pelo menos, bem, muitas pessoas podiam morrer, está bem, é compreensível. Mas não o fato de que ninguém escapava, a despeito do que se fizesse para evitar isso — não importava se você era bom, se esforçasse bastante, etc. Ainda assim, não conseguiria escapar. E pensei que isso não era certo! [Ele ri, sacudindo a cabeça com essa lembrança.] Não concordava com isso, algo estava errado, algo estava podre no reino da Dinamarca, e eu tinha que investigar o porquê. Acho que isso serviu de combustível para os meus sentimentos religiosos. Isso estava sempre no segundo plano.

Esse sentimento infantil ficou associado a uma tremenda interioridade e escuridão com as quais eu não necessariamente me identificava. Quando eu era pequeno, lembro que isso tinha a ver com a morte, mas, à medida que envelheci, não era morte em si, mas alguma interioridade que então foi colocada como prioridade quando eu era adolescente. Naquela ocasião, havia coisas a serem feitas: as meninas, isso, aquilo outro, e eu era um adolescente muito normal correndo por aí, praticando esportes e participando de atividades sociais. Era bastante sociável na época. Mas, na infância, era exatamente o oposto — eu me isolava quando pequeno, e meus pais até pensaram que houvesse algo de errado comigo. Quem sabe, talvez estivessem certos!

Claro que, quando se estuda budismo, os temas da morte e da transitoriedade aparecem. O Buda martelava nesses temas o tempo todo. Tudo começa e termina com a transitoriedade. E, do ponto de vista do Dharma, pensar a respeito da morte é muito saudável, muito importante, não é mórbido como fui levado a crer. Então, ganhei crédito por minha loucura! A lembrança da morte é vista no budismo como um reconhecimento da preciosidade da vida e o sentido verdadeiro do que é realmente a vida. O caminho para se apreciar a vida é a meditação sobre a morte.

No budismo japonês, *nascimento* e *morte* são escritos com uma só palavra. Não há morte, nascimento e vida, é vida-morte ou nascimento-morte, apenas uma palavra, separada por hífen. Não há, portanto, como apreciarmos a vida sem a morte. Não há como estar vivo sem a morte. A morte é uma experiência de instante a instante — morremos a cada instante para o instante. Isso não é somente uma idéia inteligente — é de fato assim. É isso que é o tempo. É isso o ser.

Sempre que você enfrentar o que chamamos, convencionalmente, de morte de alguém, considere isso um privilégio enorme porque é uma chance de ver a verdade de perto e com profundidade. Essa pessoa é seu professor. Sinto desse modo até hoje. Se eu encontrar uma pessoa que está morrendo e me pedirem para falar com ela, essa pessoa é meu professor. Estou aqui para aprender com essa pessoa.

VJD: E você tem tido condições de ensinar isso a outras pessoas?

NF: Não iria tão longe a ponto de dizer que ensino qualquer coisa sobre a morte. Estou apenas querendo sentar quieto para meditar sobre isso.

VJD: Norman, em *Jerusalem Midnight,* você escreveu sobre a morte de sua mãe. O poema nesse livro foi uma maneira de alcançar uma plena aceitação do fato?

NF: Bem, escrevi aquele poema numa noite serena em Tassajara, nosso mosteiro nas montanhas, que estava profundamente tranqüilo, e pude estar verdadeiramente pensativo. E estava em contato com minha mãe. Éramos muito próximos. Ela estava ali, e nossa conversa era contínua. Não era algo como um aparecimento súbito ou algum momento decisivo. Era somente mais um momento numa série de conversações em andamento e de encontros que continuo a ter com minha mãe, apesar de já ter se passado muito tempo desde sua morte. Aquele era apenas mais um momento que foi de uma proximidade muito intensa...

VJD: Você sente a morte como algo mais real à medida que se aproxima a etapa derradeira da vida?

NF: Oh, naturalmente, a morte está chegando perto. Eu sinto isso. Tenho sorte de ter boa saúde, mas tenho que cuidar de minha saúde. Tenho doença de Crohn e estreitamento da espinha. Quem sabe o que mais tenho! O corpo se esgota um pouquinho mais a cada dia, sem dúvida.

Em geral, sinto-me ótimo, tudo isso dificilmente me afeta. Mas sei que meu corpo não é mais o que era na juventude, posso senti-lo mudando. Posso sentir a morte se aproximando. Isso é indelével, sei que está aqui. E sempre me pergunto sobre esse assunto. Posso, sem dificuldade, imaginar e visualizar a morte chegando — e sempre o faço!

VJD: Uma das várias atividades que nossa cultura hoje realiza, uma vez que expomos a morte como uma realidade, é perguntar como devemos nos preparar para ela. Você pode dizer algo mais a esse respeito?

NF: Bem, uma coisa é que ninguém que está vivo entende a morte. É por isso que quem está próximo da morte é nosso professor. Essa é a coisa mais importante que precisamos compreender, e só podemos realmente entender isso quando vemos que alguém próximo da morte compreende muito melhor do que nós. Mesmo que ele mesmo tampouco a entenda! Não há, portanto, nenhum modo de realmente nos prepararmos. É como pular de um despenhadeiro, percebe? Não existe escola para tal coisa!

Às vezes, porém, na prática da meditação, a mente fica extremamente quieta e nada se manifesta, apenas o silêncio, a quietude e o soltar. E, quando isso acontece, acho que você tem uma percepção muito forte de algo que é próximo do processo de morrer. E daí se dá conta de que é tranquilo, é uma sensação de completude e plenitude...

Muitas vezes, quando surgem os desafios da vida e você está resistindo ou lidando com eles, até que finalmente se desprende deles, isso é também muito parecido com a morte. Existe uma prática budista tradicional poderosa que é realizada com um cadáver. Você reconhece que o corpo diante de você e seu próprio corpo são da mesma natureza. Aquele corpo à sua frente é, agora, como o seu próprio corpo em breve será.

Sempre pratico isso quando estou sentado em meditação com alguém que faleceu. Mas também o faço muitas vezes ao dia, especialmente sempre que algo surge para me recordar. Algo como ouvir que alguém morreu. Há sempre cinco ou seis pessoas, em minha vida, que estão encarando a morte de algum modo. Então faço disso uma prática: pensar neles todo dia. Não é que eles estejam morrendo e eu não; é que eles estão vivenciando uma posição como a que estou, e logo estarei mais diretamente inserido nela, assim como eles agora estão.

E sinto isso em meu corpo, aquela sensação de morrer, e posso visualizar minha própria morte e senti-la — mesmo reconhecendo que não é igual ao acontecimento de fato, é claro!

Com freqüência, tento colocar minha mente naquele lugar e minhas emoções no lugar da minha morte real. Posso fazer isso o tempo todo. Estive fazendo hoje mesmo! Uma personalidade pública de 88 anos faleceu. Ouvi a notícia no rádio enquanto dirigia na ponte e pensei: aquela pessoa tinha 88 anos. Não faltam muitos anos para eu chegar lá. Chegarei, possivelmente, a essa idade muito em breve. Causou-me surpresa, não de forma desagradável, mas de forma poderosa. De certo modo, me fez sentir mais presente, mais vivo, mais sério quanto a viver naquele momento, e isso é bom. Isso eu valorizo.

VJD: O que você está descrevendo, me parece, não é somente abraçar a morte, apenas recebê-la, mas algo mais ativo. Está descrevendo uma maneira de viver que reconhece que a morte já está aqui.

NF: Certo. Porque é isso, o tempo, certo? O tempo nos diz que há a morte em cada momento. E é maravilhoso viver essa realidade. O que valorizo não é o prazer em si ou a diversão em si, mas realmente ter um encontro sério com a vida. É disso que eu gosto. Para mim, essa é a mais profunda satisfação. Quando você está verdadeiramente ciente da morte, há um embate sério e profundo com a vida.

VJD: Então, encarar a morte não é como dar uma série de passos ou fazer certas coisas?

NF: Não, não, não é assim! É um modo de viver, uma prática de meditação, a mais fundamental e mais profunda de todas as práticas de meditação. Acho que a morte é a mais poderosa de todas as concentrações, nosso maior ensinamento.

VJD: Você escreveu sobre o processo de envelhecimento de seus pais e a dor que sentiram. Sempre vejo o desespero nos idosos que conheço na Flórida. Como se pode ajudá-los, em sua opinião?

NF: Ah, como saber se realmente, alguma vez, ajudamos alguém? Mas, veja, acho que cada pessoa tem duas vidas: uma vida conhecida sua, a vida das coisas que fez, os relacionamentos que teve, e uma outra vida, a qual todos têm, mas poucos realmente conhecem. Nessa vida somos simplesmente seres humanos que nascem e morrem. E isso é profundo. Todos vivem essa vida. Nesse âmbito, cada pessoa é corajosa e digna porque sofreu ao nascer, ao viver sua vida, e aceitou a morte. Há algo de verdadeiramente nobre nisso tudo.

Uma pessoa que não vê essa segunda vida pode facilmente rever sua própria história de vida e pensar que essa é a história toda. Pode ficar feliz, orgulhosa, envergonhada ou o que mais sentir a respeito dela, mas, na verdade, de qualquer modo, não faz a menor diferença. Porque a vida real é a segunda vida. E naquela vida, não importa como a sua vida tem sido, há certa dignidade.

Os que têm o privilégio de estar com um idoso ou um moribundo — no caso de entenderem isso sobre a própria vida e sobre a vida em geral — têm, portanto, olhos para ver isso em outra pessoa. Eles sempre verão uma pessoa nobre e bonita a despeito de como reclama ou é rabugenta. Terão sempre olhos para ver que ali está um ser humano que tolera a indignação e a dor da velhice, num estado mental ou emocional deficiente, talvez, mas que tolera. Ele existe em meio a isso tudo. E está, de algum modo, sofrendo. Existe nobreza nisso. Sempre, sempre.

Numa perspectiva budista, um modo de enxergar os seres humanos é falar em termos de uma vida: sofrem, morrem, não compreendem e renascem em estados miseráveis. E assim por diante, incessantemente! Mas, de um outro ângulo — uma visão budista maior ou apenas uma visão maior e ponto final —, todo mundo que morre entra no nirvana. Morte-ausência-cessação é nirvana. Não é que você deva explicar isso a alguém que está morrendo. Explicar não tem nada a ver com isso. Você apenas se relaciona com essa pessoa levando isso em conta. Pode haver algum conforto em simplesmente ser tratado daquela maneira, com aquele grau de respeito.

Há, além disso, toda a questão das práticas espirituais ou do aconselhamento que pode ser oferecido. Mas isso é, de fato, muito trivial em comparação a esse assunto fundamental. Tudo deve vir disso, desse lugar. [Ele faz um gesto estendendo amplamente os braços.] Se as pessoas se abrem para isso, há muitas maneiras de vocês, juntos, praticarem.

Sinto que a prática de meditação que fazemos é simplesmente meditar em poder sentir que se está vivo. Esse é o segundo nível do qual falei, apenas sentir isso. Você se senta, respira, sente o corpo, sente a respiração, sente que está vivo, sente que é um ser humano. Você, na verdade, sente como é sentir! Em geral, estamos muito ocupados para isso, uma coisa tão simples. Porque temos problemas, temos coisas na lista de afazeres, não temos tempo de reconhecer a vida.

Essa meditação é uma prática simples que se pode fazer deitado na cama, até mesmo com a consciência vaga, independentemente da crença. Isso pode ser explicado em função de qualquer religião. Requer um pouco de imaginação e um pouco de coragem, um pouco de amor, mas não tanto, apenas essa quantia [Norman mostra isso com as mãos um pouco separadas] é tudo de que precisamos para utilizar essa prática em qualquer tradição.

VJD: Isso faz muito sentido para mim. Queria saber como você se tranfere desse mundo do trabalho com o individual para suas preocupações sociais. Tenho a impressão de que permanece conectado com o mundo da política e da realidade social. Você se sente sendo retirado daquele envolvimento ao se voltar mais para o trabalho com o moribundo e o ensinamento do budismo?

NF: Ainda sou socialmente inquieto, mas devo dizer que me sinto ingênuo, desinformado. Eu tento, mas não leio um jornal todo santo dia. Ouço rádio, tento saber o que está acontecendo, mas não tento falar sobre questões sociais do ponto de vista da prática, porque não me sinto informado o suficiente. É, em parte, uma questão prática. Meus dias são completamente tomados. Tenho que percorrer muitas áreas. E também devo cuidar do meu infeliz hábito poético. Então, seria impossível, para mim, ler muito sobre o que ocorre por aí. De todo modo, sou muito impaciente com os detalhes dessas matérias — existem muitas repetições e coisas inúteis. As notícias têm, provavelmente, 90 por cento de disparates. Confundem a mente sem propósito algum.

Meu coração é socialmente ativo e me presto às causas e aos interesses socialmente ativos, mas simplesmente não sou tão informado como muitas pessoas. No entanto, digo o que penso. Escrevi vários artigos sobre o 11 de Setembro que foram publicados e lidos como palestras, e agora escrevo e falo sobre o Iraque — outro erro escandaloso.

VJD: Onde a escrita se encaixa entre seus ensinamentos budistas, seus interesses sociais e todo o seu trabalho? Fiquei impressionada com o *Success*, onde criou um poema de 28 linhas a cada dia do ano.* Você estabelece um horário regular para escrever como faz com a meditação?

NF: Escrevo quase todos os dias, mas não do mesmo modo que sento para meditar, que é a primeira coisa que faço pela manhã ou mediante uma programação. Escrevo quando preciso, em geral de manhã, antes de pensar sobre qualquer coisa mais. Se não escrevo por alguns dias, eu sinto, fico indisposto e sei que é hora de escrever algo. Então faço disso uma prioridade. Geralmente o que disso resulta é que várias coisas ficam em desordem. Mas a isso já me acostumei. Desenvolvi tolerância pelo caos. Todo dia descubro muito mais do que é necessário que eu faça do que pode ser feito. Todo dia penso onde vou falhar, não atin-

---

* Norman Fischer, *Success* (Filadélfia, PA: Singing Horse Press, 2000).

gir o alvo hoje? E aí digo, bem, não correspondi à poesia ontem e no dia anterior, então hoje é mais importante, apesar de ter outras coisas urgentes. Então escrevo. Tudo mais desaparece.

VJD: Porque isso é parte de quem você é...

NF: Parece simplesmente uma necessidade. Mas é muito complicado ser uma pessoa, não é? Só a manutenção por si é uma tarefa gigantesca! É preciso tomar suas vitaminas, manter seu corpo funcionando, passar fio dental e cada um de seus 32 dentes devem ser escovados várias vezes ao dia [ele ri] e depois tem que lavar as roupas — é realmente um trabalhão! Aí tem a poesia, e se você quiser manter sua mente ativa tem que ler algo, e aí tem sua vida espiritual e talvez tenha alguém em sua vida, pessoas com as quais se relaciona e tem que se assegurar que são legais. E, se elas têm problemas, você tem que estar ali do lado. E se tiver filhos ou família tem que ser uma presença lá também. Não sei como alguém se arranja. É surpreendente! Realmente, é um milagre, de fato um milagre como fazemos todas essas coisas!

E, em qualquer área da minha vida, estou sempre falhando miseravelmente. Definitivamente! Estou falando sério agora e estou tentando me sentir um pouco menos um fracasso. A vida é tão exigente e simplesmente não se pode lhe fazer justiça. Você dá o melhor de si num navio que está afundando para fazer o que puder até que o navio afunde completamente. E aí se livra de todos esses problemas. E você pode ser feliz, finalmente [ele dá uma grande risada mexendo na barriga], no fundo do oceano!

Todo dia tenho que fazer muitos ajustes. Tenho a bênção e a maldição de não ter horários fixos. Então, todo dia tenho que programar o que vou fazer, que pastas devo organizar e carregar e, às vezes, no meio do dia as coisas mudam, e tenho que tentar me virar assim mesmo. Durante muitos anos em que fui administrador do Zen Center de São Francisco a vida era mais estruturada. Hoje, no Everyday Zen, não há quase estrutura, nenhum horário. Todo dia eu programo.

Uma jornada rumo ao Oriente

E meu ensinamento, meu estudo, minhas palestras são um trabalho importante, mas é uma outra mente, distinta da poesia. E diferente de planejar e administrar. Ainda tenho que me envolver um pouco com essas atividades. E minha folhinha é minha maldição. Não posso delegar. Já é muito trabalho ser menos selvagem, menos queixoso. Mas somos todos administradores do corpo, administradores da mente. E nossos mundos têm que ser organizados, temos que fazê-lo. Todo dia, todo momento, estando aqui.

VJD: E seu modo de fazer isso é um guia para nós, por sua graça, assim como pelo som e pela intensidade de sua vida. Uma palavra final ou duas, para concluir?

NF: Bem, depois de toda essa conversa sobre poesia, devo concluir com o poema de hoje. Ele foi rabiscado pela manhã e, por isso, pode não ser um poema de boa qualidade, talvez bruto, mas, de todo modo, apropriado para essa discussão.

Poema de Norman

O tabernáculo acima, nas nuvens,
Aqui tem suas balizas encravadas na terra atulhada.
Suas paredes de tecido tremulante,
No vento morno invariável tabernáculo.
Tal como um, feito de pedra respingada de sangue,
A parede da infância que é servente da verdade tirana —
    As coisas que não podem ser ditas em voz alta.

O que é isso? Quem está falando? Quem ouve?

Mas, sem paixão,
Naquele espaço sagrado, campo de rochedos, quase tudo
Irá (não irá) ocorrer
A você, e você caminha
Como um homem cego
Ao longe, sobre a planície,
De dor, suspensa
    Do alto.

Não agora, não mais tarde, mas só
Em seguida, no seguinte
Momento expectante de golpear
Intenções, você pensa,
Você sabe de quem fala, que você
Ouve a canção do contramestre
Dando lambidas
    Nas ondas?

Abaixe aquela, encolha esta aqui,
Estilhace as pedras...

Na rua ao lado, na rua apinhada de gente,
Entre as várias mulas, não criaturas do mar,
Aquela na sombra está consciente.

Fontes

Esta seção contém implementos de cada entrevistado e alguns de seus favoritos, abrangendo dez recursos audiovisuais, 30 livros notáveis e sete atividades que você pode desejar iniciar. Meus melhores votos para sua jornada de vida!

AUDIOVISUAIS

Conscious Aging: On the Nature of Change and Facing Death. Trata-se de uma série de fitas de áudio em duas partes. Ram Dass gravou ao vivo, em 1992, relatando histórias de sua vida, de seu trabalho com os moribundos desde 1966, e as aulas sobre o envelhecer, que agora conhece por experiência própria. Disponível na Sounds True pelo telefone: 800-333-9185 ou pelo site www.soundstrue.com, Boulder, CO: Sounds True Recordings, 1992.

Why Suffering? Ram Dass explora uma das mais desconcertantes questões da espiritualidade e compartilha sua resposta metafísica. Na RDTapes, pelo telefone 800-248-1008 ou pelo site www.ramdasstapes.org.

Fierce Grace é um documentário sobre os últimos poucos anos de Ram Dass durante os quais o "ioga de impacto" era a prática abençoada em seu cotidiano. Pode ser encontrado em vídeo ou em DVD, comercialmente, pela Tape Library ou em muitas universidades e bibliotecas públicas. New York: Zeitgeist Video 2003, 2001.

Uma jornada rumo ao Oriente

Becoming a Compassionate Companion: Teaching, Stories and Practical Wisdom for those Accompanying Someone who is Dying é uma série de áudios de Frank Ostaseski, que foram produzidos e podem ser adquiridos por meio do Projeto Zen Hospice, na 273 Page Street, em São Francisco, CA 94102 (415-863-2910), ou pelo site www.zenhospice.org.

Graceful Passages: A Companion for Living and Dying é um kit contendo um opúsculo e dois CDs com palavras e músicas para aqueles que vivenciam a jornada do fim da vida. Pode ser adquirido através do site www.gracefulpassages.com.

O meu CD favorito é *Drops of Emptiness*, que contém canções, cânticos e poesias de Thich Nhat Hanh, da Irmã Chân Không e dos monges e monjas de Plum Village. Disponível pela Sounds True, pelo telefone 800-333-9185 ou pelo site www.soundstrue.com, Boulder, CO, 1997.

The Heart of Spiritual Practice, Hay House Audio, Jack Kornfield e Michael Toms. Carlsbad, CA, 1997.

O seriado em quatro partes de Bill Moyers, produzido pela rede PBS, *On Our Own Terms*, examina as questões do envelhecer, do cuidado no final da vida, das escolhas na morte e da responsabilidade da família/sociedade. Princeton, NJ: Films for the Humanities and Sciences, 2000. Pode ser adquirido pelo site www.pbs.org/onourownterms.

Walk Me to the Water: Three People in Their Time of Dying é um vídeo de John Seakwood que descreve, de forma emocionante, as demandas de três indivíduos no fim da vida e suas famílias. Pode ser encontrado pelo telefone: 518-794-8081. New Lebanon, NY, 1981.

Internet

Webster's Death, Dying & Grief Guide: http://www.katsden.com/death/index/html. Este site contém um espectro amplo de tópicos e vários links úteis.

Growth House: http://www.growthhouse.org. Um site premiado que oferece recursos, links, sala de bate-papo e livrarias online.

Compassion in Dying é um site baseado em Oregon, que oferece informação e apoio nas escolhas do final de vida. http://www.CompassionInDying.org ou ligue para 503-221-9556.

Center to Improve the Care of the Dying in Washington, D.C. oferece pesquisa, educação e advocacia pelo telefone 202-467-2222 ou pelo site http://www. gwu.edu/~cicd.

George Washington Institute for Spirituality and Health in Washington, D.C. trabalha nas áreas clínica, educativa, política e advocacia, e pode ser contatado pelo telefone 202-496-64009 ou pelo site http://www.gwish.org.

Livros

John Archer. *The Nature of Grief: The Evolution and Psychology of Reactions to Loss* (Londres e Nova York: Routlegde Press, 1999). Utilizando três abordagens — evolutiva, etológica e psicológica —, Archer conduz o leitor através de uma investigação histórica pela perda e pela dor.

Ernest Becker. *The Denial of Death* (Nova York: Free Press, 1973). Esse trabalho monumental abriu o diálogo acadêmico e público sobre a morte e os problemas existentes na cultura que nega a morte.

Ira Brock, M.D. *Dying Well: Peace and Possibilities at the End of Life* (Nova York, Riverhead Books, 1998). Uma das melhores tentativas da área médica ocidental de estudar o processo do final da vida.

A história de vida da irmã Chân Không, em *Learning True Love: How I Learned and Practiced Social Change in Vietnam* (Berkeley, CA: Parallax Press, 1993), de autoria de Cao Ngoc Phuong, expande muitos temas dessa entrevista e descreve os diferentes estágios em seu trabalho com budismo engajado.

Ram Dass. *Be Here Now, Remember* (Nova York: Hanuman Foundation, distribuído pela Crown Publishing, 1971). A jornada rumo ao Leste de Richard Alpert, que resultou em sua transformação em Ram Dass, continua a inspirar os leitores desde sua publicação e a representar a integração dinâmica da sabedoria oriental com a cultura ocidental.

Ram Dass. *Still Here: Embracing Aging, Changing and Dying* (Nova York: Riverhead Books, 2000). Ram Dass completou grande parte dessa obra antes de seu derrame, mas o embate pessoal ao encarar a própria morte e a dependência diária de outros aprofundou sua prática e sua compreensão da realidade.

Michael Eigen. *Damaged Bonds* (Londres, Nova York: Karnac Books, 2001) e *Ecstasy* (Middleton, CT: Wesleyan University Press, 2001). Esses livros recentes ilustram a habilidade de Eigen na investigação de questões humanas e existenciais com seus pacientes e em sua própria psique.

Michael Eigen. *The Psychoanalytic Mystic* (Londres, Nova York: Free Association Books, 1998). Esta obra é ímpar pela forma dinâmica como entrelaça a tradição psicanalítica, a sabedoria espiritual e o individualismo humanista. Também recomendo a leitura dos artigos de Anthony Molino, na obra *The Couch and the Tree: Dialogues in Psychoanalysis and Buddhism* (Nova York: North Point Press, 1998), que contém uma entrevista intrigante com o Dr. Eigen, assim como entrevistas com outros na vanguarda da psicologia Oriente/Ocidente hoje.

Mark Epstein. *Pensamentos sem pensador: uma perspectiva budista para a psicoterapia* (Rio de Janeiro: Gryphus, 2001). Esta primeira obra aclamada de um psicólogo atualmente renomado integra o budismo na teoria e prática clínica.

Norman Fischer. *Jerusalem Moonlight: An American Zen Teacher Walks the Path of his Ancestors* (São Francisco: Clear Glass Press, 1995). Esse artigo notável, que foi ampliado, tece as investigações de Norman sobre sua herança com seu trabalho de líder budista, seus papéis de membro da família, artista criativo e cidadão do mundo e sua descoberta de sentido na experiência vivida de cada dia.

Norman Fischer. *Taking Our Places: The Buddhist Path to Truly Growing Up* (Harper San Francisco, 2003). Baseado em seu trabalho inicial com adolescentes da Bay Area, Fischer aqui examina temas budistas que dizem respeito à adolescência, a criação de filhos e à transformação educativa e social.

Stanislav Grof e Joan Halifax. *The Human Encounter with Death* (Nova York: E.P. Dutton, 1977). Uma obra pioneira que investiga as fronteiras da vida e da morte através de uma jornada psicológica e farmacêutica.

Jerome Groopman. *A anatomia da esperança: a descoberta pela medicina moderna do poder da emoção no combate às doenças* (Rio de Janeiro: Objetiva, 2004). Esse estudo de indivíduos e famílias encarando o fim da vida é profundamente comovente e realista. Foi escrito por um professor da escola médica de Harvard, que expõe seus próprios embates da vida enquanto aprende com os outros.

Uma jornada rumo ao Oriente

O livro recente de Thich Nhat Hanh, *No Death, No Fear: Conforting Wisdom for Life* (Nova York: Riverhead Books, 2002), contém ensinamentos extremamente relevantes para a entrevista aqui relatada e examina o significado do final de nossas vidas individuais. Outros livros excelentes do autor, que expandem ainda mais essa investigação, são: *Creating True Peace: Ending Violence in Yourself, Your Family, Your Community and the World* (Nova York: Free Press, 2003) e *The Blooming of a Lotus: Guided Meditation for Achieving the Miracle of Mindfulness* (Boston, MA: Beacon Press, 1993).

Elisabeth Kubler-Ross. *Sobre a morte e o morrer* (São Paulo: Martins Fontes, 1987) e *Death: The Final Stage of Growth* (Englewood Cliffs, NJ: Prentice Hall, 1975). Kubler-Ross abriu a porta para a discussão sobre a morte e o aprender com o morrer, e essas suas obras são clássicas.

Elisabeth Kubler-Ross e David Kessler. *Os segredos da vida* (Rio de Janeiro: Sextante, 2004). Kubler-Ross continua a ensinar, mesmo enquanto luta com a deficiência e a dor no final de sua própria jornada de vida.

Stephen Levine. *Who Dies? An Investigation of Conscious Living and Conscious Dying* (Garden City, NY: Anchor Press/Doubleday, 1982). Esse livro levou Rodney Smith — entre muitos outros comprometidos com vidas de serviço — para o trabalho em asilo e ainda é uma das mais importantes contribuições para o campo da morte consciente. A obra de Levine continua a ser fundamental para compreender a morte e o morrer. Seu livro mais recente, *Turning Toward the Mystery: A Seeker's Journey* (Harper San Francisco, 2002), narra a história extremamente comovente de sua própria vida e de seu aprendizado.

Joanne Lynn, Joan Harrold e o Center to Improve Care of the Dying. *Handbook for Mortals: Guidance for People Facing Serious Ilness* (Nova

York e Oxford: Oxford University Press, 1999). Esse é um manual franco, mas sensível, destinado aos que estão encarando a morte e aos que amam essas pessoas e delas cuidam.

Janice Winchester Nadeau. *Families Making Sense of Death* (Thousand Oaks, CA: Sage Publications, 1998). Escrita tendo o cuidador ou o agente de saúde em mente, essa obra examina o auxílio às famílias e aos pacientes durante a doença e o processo de morrer.

Sogyal Rinpoche. *O livro tibetano do viver e do morrer* (São Paulo: Talento, Palas Athena, 1999). Esse comentário do antigo clássico, *Livro tibetano dos mortos*, do Oriente, tem sido o foco central dos ocidentais que desenvolvem práticas de morte consciente nas últimas décadas e continua a ser central para a compreensão dessa etapa do processo de viver/transformar. Outros autores listados: Patrick Gaffney e Andrew Harvey.

Kathleen Singh. *The Grace in Dying: How We are Transformed Spiritually as We Die* (Harper San Francisco, 1998). Essa obra emocionante descreve possibilidades de abertura, crescimento e transformação que nos são oferecidas ao aprendermos a viver com o moribundo.

Rodney Smith. *Lessons from the Dying* (Boston: Wisdom Publications, 1998). Oferece estudos de casos e discussão sobre o moribundo e os cuidadores nos ambientes de asilos, usando os temas dessa conversação.

Daisetz Teitaro Suzuki. *Mística: cristã e budista* (Belo Horizonte: Itatiaia, 1976). Publicada pela primeira vez pela Harper, em 1957, essa obra inicial e todas as outras de Suzuki são regularmente citadas pelos entrevistadores nesse livro e por outros que fizeram a "jornada ao Oriente" como as primeiras palavras transformadoras escritas, abrindo a passagem para muitos ocidentais.

Daisetz Teitaro Suzuki, Erich Fromm e Richard DeMartino. *Psychoanalysis and Buddhism* (Nova York: Harper Collins, 1986).

Publicado inicialmente em 1960, esse foi o primeiro esforço para integrar os paradigmas psicológicos e as práticas do Oriente/Ocidente.

Froma Walsh e Monica McGoldrick. *Morte na família: sobrevivendo às perdas* (Porto Alegre; Artmed, 1998). Essa coletânea de ensaios reflexivos, acadêmicos e profundamente pessoais trata, com muita sensibilidade, da perda de um membro da família a partir de uma perspectiva teórica de sistemas familiares.

John Welwood (editor). *Awakening the Heart: East/West Approaches to Psychotherapy and the Healing Relationship* (Boston: Shambhala Publications, 1983). Nessa obra inicial, Welwood introduz uma estrutura para se trabalhar com diferentes estados mentais e emocionais.

John Welwood. *Journey of the Heart: The Path of Conscious Love* (Nova York: Harper Collins, 1990). Um panorama amplo e investigativo do relacionamento como um caminho de desenvolvimento pessoal e espiritual. Algumas das áreas abrangidas: paixão, entrega, compromisso, selvageria, mente de iniciante, solidão, casamento, sexo, questões masculinas e femininas, o sagrado, o fio da navalha, irrompendo o coração, a natureza do caminho e a importância da meditação para o relacionamento. Esse livro foi o primeiro a analisar minuciosamente o caminho do relacionamento consciente.

John Welwood. *Alquimia do amor: descobrindo o relacionamento íntimo como caminho da alma* (Rio de Janeiro: Ediouro, 1997). Essa seqüência do *Journey of the Heart* considera o relacionamento como um caminho espiritual, explorando seus desafios e suas oportunidades para reaver dimensões perdidas de nosso ser.

John Welwood. *Em busca de uma psicologia do despertar: budismo, psicoterapia e o caminho da transformação espiritual individual* (Rio de Janeiro: Rocco, 2003). Uma obra pioneira, reunindo os 30 anos de trabalho de Welwood na interseção da psicologia ocidental com a oriental.

SUGESTÃO DE ATIVIDADES

♦ Telefone e agende uma visita a um asilo local. Comece a pensar se e quando você poderia usar esse serviço para você mesmo ou para um membro da família.

♦ Todos os programas de asilo contam com voluntários para servirem de cuidadores e também para ajudarem a manter o programa e as atividades comunitárias, angariar fundos, extensão — explore opções para envolvimento e voluntariado.

♦ Inscreva-se nas disciplinas de desenvolvimento humano e temas ligados ao envelhecimento e morte em faculdades ou universidades locais. Muitos estados oferecem tais aulas para cidadãos idosos gratuitamente ou a preços reduzidos.

♦ Passe um tempo quieto, só, lendo, pensando e definindo o que uma "boa morte" é para você hoje.

♦ Converse com a família e com os amigos íntimos sobre suas idéias a respeito de uma "boa morte" e o que seria necessário que fizessem para ajudá-lo nesse momento de sua jornada de vida.

♦ Elabore documentos concretos e escritos cuidadosamente que sejam necessários para o seu processo de morrer e sua morte: testamento, procuração duradoura, testamento em vida, diretrizes finais e cartas, vídeos, despedidas para todos aqueles que preza em seu coração.

- Organize tempo para ficar com os amigos mais próximos para assistir a vídeos e filmes que falem sobre a etapa final da vida, falando e compartilhando da compreensão e do sentimento que cada um ganha da experiência alheia.

- Envolva-se em práticas — meditação, oração, estudo, trabalho com outras pessoas — a fim de aprofundar sua experiência do viver-morrer como um todo, sendo cada vez mais aberto a cada momento de aprender à medida que avança, passo a passo, em sua jornada de vida.

Você pode adquirir os títulos da Editora Nova Era
por Reembolso Postal e se cadastrar para
receber nossos informativos de lançamentos
e promoções. Entre em contato conosco:

mdireto@record.com.br

Tel.: (21) 2585-2002
Fax.: (21) 2585-2085
*De segunda a sexta-feira,
das 8h30 às 18h.*

Caixa Postal 23.052
Rio de Janeiro, RJ
CEP 20922-970

Válido somente no Brasil.

Visite a nossa home page
www.editorabestseller.com.br

Este livro foi composto na tipologia Galliard,
em corpo 10/14, e impresso em papel off white 80g/m²
no Sistema Cameron da Divisão Gráfica da Distribuidora Record.